Johannes Kuhn
Das Haus unseres Lebens hat viele Wohnungen

Johannes Kuhn

Das Haus unseres Lebens hat viele Wohnungen

Ein Lese- und Vorlesebuch
für ältere Menschen

Verlag Ernst Kaufmann

Bibliografische Information Der Deutschen Bibliothek
Die Deutsche Bibliothek verzeichnet diese Publikation in der Deutschen
Nationalbibliografie; detaillierte bibliografische Daten sind im Internet unter
http://dnb.ddb.de abrufbar.

1. Auflage 2003
© 2003 Verlag Ernst Kaufmann, Lahr
Dieses Buch ist in der vorliegenden Form in Text und Bild urheberrechtlich
geschützt. Jede Verwertung ist ohne Zustimmung des Verlags Ernst Kaufmann
unzulässig und strafbar. Dies gilt insbesondere für Nachdrucke, Vervielfältigungen,
Übersetzungen, Mikroverfilmungen und die Einspeicherung und
Verarbeitung in elektronischen Systemen.
Printed in Germany
Zeichnungen von Herbert Jäger
Umschlaggestaltung: JAC unter Verwendung eines Fotos von Heidi und Willi Albrecht
Hergestellt bei Ebner & Spiegel, Ulm
ISBN 3-7806-5022-3

Inhaltsverzeichnis

Vorwort 8

Erinnerung

Was uns niemand nehmen kann *(5 Min.)* 12
Buße tun heißt umkehren *(7 Min.)* 15
Der Schlüssel der Dankbarkeit *(5 Min.)* 19
Wiederentdeckte Gaben *(5 Min.)* 22
Der schönste aller Gärten *(5 Min.)* 25
Fotos erzählen Geschichten *(7 Min.)* 29
Aufeinander achten *(7 Min.)* 33
Ein Urlaubstraum *(4 Min.)* 37
ERINNERUNG *(6 Min.)* 39

Ermunterung

Stichwort für Steckengebliebene *(4 Min.)* ... 44
Das elfte Gebot *(6 Min.)* 46
Wer hofft, findet heraus *(4 Min.)* 49
„Gott wird helfen" *(5 Min.)* 51
Wer ist Jesus? *(12 Min.)* 54
Freiheit wovon – Freiheit wozu? *(17 Min.)* . 60
Nicht für sich bleiben *(7 Min.)* 69

Das Haus unseres Lebens hat viele
  Wohnungen *(2 Min.)* 73
Gott schütze Sie *(4 Min.)* 75
Unsere Hände – geballt oder gelöst? *(5 Min.)* 77
Eine Einladung *(5 Min.)* 80
Er trägt dich hoch *(20 Min.)* 83

Humor

Lass dich zum Lächeln verleiten *(11 Min.)* .. 96
Detektiv der Liebe *(6 Min.)* 102
Am Tag, als der Regen kam *(4 Min.)* 105
Wenn einer eine Reise tut *(8 Min.)* 108
Kein Talent für die Landwirtschaft *(8 Min.)* . 113
Frisch getraut – und schon eine „affige
  Sache" *(4 Min.)* 118
Der Idealgast? *(5 Min.)* 120
„Mordversuche im Speisewagen" *(7 Min.)* .. 123
Alarm im Doktorhaus *(12 Min.)* 127
Humor – der kleine Bruder des Glaubens
  (3 Min.) 133
Die interessanteste Predigt seit Jahren
  (7 Min.) 135
Man muss sich nur zu helfen wissen
  (5 Min.) 139
Ein 18-DM-Missverständnis *(4 Min.)* 142
Die Sache mit dem Koffer *(3 Min.)* 144
Wer kneippt, kneift nicht *(7 Min.)* 146

Inhaltsverzeichnis

Abschied und Neuanfang

Mit Verlusten leben – an Verlusten reifen
(10 Min.) 152
Abschied nehmen können *(5 Min.)* 157
Der Tod hält Ernte *(5 Min.)* 160
Tod am Mittag *(6 Min.)* 163
Dunkle Nächte *(6 Min.)* 167
Leben unter neuer Wirklichkeit *(10 Min.)* .. 171
Wir werden geführt *(13 Min.)* 177
Gottes und unsere Hände *(12 Min.)* 184

Die angegebenen Vorlesezeiten sind ungefähre Angaben.

Vorwort

Was lesen wir älteren Menschen, zu denen ich auch gehöre, besonders gern? Das mag jeder anders beantworten. Aber es sollte schon etwas sein, das mit unserem Leben zu tun hat. Z. B. wie es anderen ergeht im Umgang mit ihren Jahren, welche Fragestellungen sie beschäftigen und nach welchen Wertvorstellungen sie ihre Tage führen und dabei offen bleiben für die Themen unserer Zeit.

Darum sind meine Beiträge in diesem Lese- und Vorlesebuch mit Titeln versehen wie „Erinnerung", „Ermunterung", „Humor", „Abschied und Neuanfang". Damit mag deutlich werden, dass das Buch eine Brückenfunktion hat, uns in den Tag hineinzuführen – beraten, gesammelt, ermuntert. Es möge etwas von dem im Lesenden wirksam werden, was Friedrich Hebbel einmal in dem Satz zusammengefasst hat: „Jedes Buch ist gut, das mich besser macht."

So verstanden, wird das Buch – wie eigentlich alle Bücher – zu einer Einweisung in das Leben, das oft weitmaschiger ist, als die eigenen Vorstellungen wahrhaben wollen. Das Leben selbst legt sich aus in Ideen, Geschichten, Gedanken und Personen. Vielleicht kann sogar noch mehr geschehen: Das, was Franz Kafka einmal mit dem Satz beschreibt: „Ein Buch soll eine Axt sein gegen das gefrorene Meer in uns." So kann nur ein Buch verändern.

Alles in allem – dieses Lesebuch für Senioren will uns menschlicher machen und aus den vielen Wohnungen im Haus unseres Lebens etwas aufleuchten lassen. Nach dem schönen Wort von Blumhardt: „Wo das Licht Gottes in die Welt kommt, kommt es durch Personen."

Ihr

Johannes Kuhn

Erinnerung

Erinnerung

Was uns niemand nehmen kann

Für manchen ist es der Traum aller Träume: irgendwo für ein paar Tage in einer Berghütte zu leben und zu sehen, wie die Sonne jeden Morgen und jeden Abend diese kleine, große Welt in ihr strahlendes Licht taucht. Es sind manche unter diesen sehnsüchtigen Zeitgenossen, die in ihrem Leben solche Erfahrungen bereits gemacht haben. In einem Urlaub entdeckten sie vielleicht so eine fern abgelegene Hütte, verhandelten mit dem Besitzer und waren in der glücklichen Lage, sie für ein paar Tage zu mieten.

Wer nun meint, dass so ein Aufenthalt ein reiner „Hüttenzauber" sei, der irrt gründlich. Jeder, der auf so einer Hütte dabei war, weiß etwas davon, wie Funktionen verteilt werden müssen: Elektrisches Licht gibt es nicht, Wasser eigentlich nur so, indem man Schnee schmilzt. Und der Ofen brennt nicht, weil er ferngesteuert ist oder weil irgendwo eine Ölleitung zufließt, sondern weil er darauf wartet, dass jemand Holz spaltet und ihn damit füttert. Aber gerade eine solche Funktionsverteilung, dieses Einanderzuarbeiten, die Notwendigkeit, dass einer den anderen braucht, lässt eine Gemeinschaft zusammenwachsen. Man entdeckt eigentlich ziemlich schnell, wen man das nächste Mal nicht wieder zu diesem Hüttenurlaub einladen

Erinnerung

wird: denjenigen, der sich zu sehr auf Kosten der anderen einen „guten Tag" gemacht hat – oder der als ein „verwöhntes Stadtkind" bei einfachen Lebensvoraussetzungen versagt. Denn das gibt es, immer mehr. So kann so ein Aufenthalt auf einer Hütte auch die Probe aufs Exempel werden, wie viel einfaches Leben man eigentlich noch verkraftet. Aber auch jener Lernprozess ist nicht zu unterschätzen, bei dem deutlich wird, mit wie wenig der Mensch eigentlich auskommen kann.

Wie gesagt, mancher wird sich nach solch einer Hütte sehnen und wird an frühere Zeiten zurückdenken, als er mit seinen Freunden zusammen dort Ferien gemacht hat. Und nun kann er es nicht mehr: Die Hütte ist zu hoch gelegen, der Gesundheitszustand lässt es nicht mehr zu, das Herz macht nicht mehr so recht mit, vom Blutdruck ganz zu schweigen, und der Arzt warnt regelmäßig, solche Höhen aufzusuchen.

Was nun? Muss man jetzt die Fotos, die Erinnerungen an diese schöne Zeit aus seinem Leben verbannen, sodass sie einen nicht mehr schmerzen können? Oder sind sie nur noch Anlass für ein paar Träume darüber, was alles war und nicht mehr sein wird? Es könnte aber auch anders mit solchen Bildern, Entdeckungen, Erinnerungen umgegangen werden: eben so, dass man sie hervorholt und nicht nur den Träumen überlässt und irgendwelchen Sehnsüchten, sondern sie zum Anlass nimmt,

Erinnerung

dankbar zu sein für ein reiches Leben. Denn was wir in uns tragen, das kann uns niemand wegnehmen, das geht mit uns wie ein geheimer Schatz, den wir von Zeit zu Zeit in unserer Fantasie hervorholen können, um uns an seinem Glanz und seiner Ausstrahlung zu erfreuen.

Und es ist dann schon wahr: Erinnerungen sind wie Wärmflaschen, eine Zeit lang wird man sich an ihnen wärmen können. Es wird aber auch darauf ankommen, sie wieder loszulassen, diese Erinnerungen, und sich dem zuzuwenden, was jetzt, was heute, was hier nun anliegt. Und da braucht es ja nicht irgendwelche großen Hütten und irgendwelche fernen Gegenden, da kann es der Waldspaziergang im nahen Stadtwald sein oder irgendeine andere Möglichkeit, die deutlich macht, wie viel wir doch noch können. Sicher nicht mehr alles, was wir früher konnten, aber dafür anderes. Und meistens ist auch das nicht wenig. Es kommt nur darauf an, wie wir uns dazu stellen.

Buße tun heißt umkehren

Erinnerungen kommen und gehen. Manchmal aber fordern sie uns zur Auseinandersetzung heraus. Und es kommt dann darauf an, sie zu bestehen. Nicht vor ihnen zu fliehen, sondern sich ihnen zuzuwenden, sich der Vergangenheit zu stellen. Buße hat immer mit der Vergangenheit zu tun. Mit der Vergangenheit eines Menschen, mit der Vergangenheit eines Volkes. Ja, man kann sogar sagen: Buße tun heißt, Vergangenheit bewältigen. Davon wollen heutzutage viele Menschen nichts mehr hören. Es mag damit zusammenhängen, dass man in der Vergangenheit nicht gerade eine vorbildliche Rolle gespielt hat, von schweren Vergehen ganz zu schweigen. Es ist einem Menschen dann geradezu peinlich, wenn plötzlich irgendeiner in seine Nähe kommt, der ihn von früher kennt. Seine Gegenwart ist wie ein Gedächtnisschock. Plötzlich ist alles wieder gegenwärtig, was damals war: die mangelnde Zivilcourage und das Mitläufertum.

Das Thema „unbewältigte Vergangenheit" hat viele verschiedene Ebenen. Wenn zum Beispiel durch eine Tür die Menschen kämen, mit denen wir dunkle leidvolle Stunden durchgestanden haben, in Gefangenschaft oder im Luftschutzbunker, auf der Flucht oder im Moment eines Unfalls, was würde uns dabei einfallen? Nur, dass das alles jetzt vorbei ist? Sonst nichts? Gab es da nicht einiges, was wir damals gesagt oder gedacht haben? Etwa: Wenn ich hier noch einmal herauskommen sollte, dann… Wenn mein Sohn wiederkommt, dann… O Gott, wenn du mir meinen Mann nicht nimmst, dann… Und was ist daraus geworden?

Vergessen? Über viele Jahre hinweg einfach vergessen? Höchstens der Gedanke, dass an der Stelle, an der man sitzt, ein anderer sitzen würde, wenn nicht der Krieg… das Unglück… gekommen wäre.

Oder das Eingeständnis: Eigentlich sitze ich hier völlig unverdient auf meinem Posten. Oder die Einsicht, dass der andere, wäre er zurückgekommen, es besser machen und ernster nehmen würde. Aber solche Anfänge werden schnell überspielt von den Forderungen des Berufs, der Gesellschaft und der Familie. Und man lebt eben wie heute die meisten leben: mit dem Rücken gegen den anderen, mit dem Rücken gegen die Vergangenheit, gegen die eigene und gegen die des Volkes. Aber nicht bestandene Erinnerungen können ein Leben zerstören. Und auch das gilt für den Einzelnen wie für ein ganzes Volk.

Was ist zu tun? Einer, den seine Vergangenheit, seine Erinnerungen nicht wieder losgelassen haben, hat in der Sprache seiner Zeit geantwortet: „Ich will dem Herrn meine Gelübde bezahlen vor

Erinnerung

allem Volk." Genau darum geht es. Sich umdrehen und wieder zusammensehen, was so auseinanderklafft: das Gestern, das Heute und Gott. Und da sollte man nicht erst auf eine Bewegung warten, die das ganze Volk ergriffen hat, sondern als Einzelner anfangen: „Ich will dem Herrn meine Gelübde bezahlen vor allem Volk." Oder etwas einfacher gesagt: Ich will mich umdrehen zu Gott und mit ihm über meine Vergangenheit reden und über die meines Volkes. Das mag uns sicher nicht leicht fallen, weil da einiges im Wege steht: Selbstgerechtigkeit, übersteigertes Selbstbewusstsein und die Angst, das Gesicht zu verlieren.

An das „Damals" denken, kann anstrengend sein. Aber muss es denn immer ohne Dankbarkeit zugehen? Wir sind doch damals davongekommen und nach dem Krieg auch noch einige Male. Sollte das nicht der gegebene Raum sein, das Gestern und das Heute zu einem Gespräch mit Gott zu machen? Werden wir diese Erinnerung so bestehen, dass wir sie umwandeln in geordnete Vergangenheit und damit das tun, was wir alle irgendwann mal auswendig gelernt haben: Lobe den Herrn meine Seele, und vergiss nicht, was er dir Gutes getan hat?

Ich möchte Mut dazu machen, damit das Leben wieder Gegenstand des Gesprächs mit Gott und der Freude an Gott wird. Das ganze Leben. Umkehr, so verstanden, hat Konsequenzen: im Bereich

Erinnerung

einer Gruppe, wie in der Familie zum Beispiel, aber auch für den Zusammenhalt eines ganzen Volkes. Es könnte sonst passieren, was Martin Luther fast beängstigend gegenwartsnah einmal gesagt hat: „Drei Dinge werden Deutschland zerstören: das Vergessen der Wohltaten Gottes, das gottlose Planen und die unangefochtene Sicherheit." Deswegen kommt es so darauf an, dass sich Menschen finden, die sich ganz bewusst an das Vergangene erinnern wollen.

Erinnerung

Der Schlüssel der Dankbarkeit

Es gibt nicht wenige Menschen, die Dankbarkeit für altmodisch halten. Sie meinen, das sei eine Schwäche. Denn darin komme zum Ausdruck, dass man abhängig sei von jemandem, von dem man etwas empfangen habe. Das stört viele – sie wollen nicht abhängig sein, sie wollen frei sein.

Vielleicht haben wir uns das auch zu sehr abgewöhnt, dankbar zu sein. Wir meinen, das und das steht uns auf jeden Fall zu. Nur so und so muss es kommen. Und die Ansprüche – wie sind sie gewachsen? Was ist dabei nicht alles auf der Strecke geblieben?

Also warum den Alltag nicht wieder im Zeichen des Dankes sehen? Dankbarkeit, das ist das gute Gedächtnis für empfangene Wohltaten. Für das Gute, für das Freundliche, dafür, dass man sich gemeinsam hat. Auch dafür, dass Gott ist – und auch für alles Rätselhafte da ist. Vielleicht ist dieses Gefühl fast so etwas wie ein Schlüssel, der uns viele Türen öffnet und auch verschließt. Dieser „Schlüssel Dankbarkeit" kann zuschließen – dort, wo uns etwas wer weiß wie neidisch machen will, aber er kann uns auch für etwas aufschließen, um aufmerksam zu werden für das, was uns gegeben ist. Dankbarkeit ist also fast so etwas wie eine Medizin, die man zu sich nimmt, eine Kraft, die stärkt.

Erinnerung

Das wissen oft die am besten, die eine ganze Zeit lang krank waren und jetzt auf dem Weg der Besserung sind. Wie sehr empfindet man jeden kleinen Schritt, den es vorwärts geht, als Anlass dafür, dankbar zu sein.

Ständig sind wir Nehmende, sind Beschenkte aus den unerschöpflichen Quellen des Lebens, die Gott uns oft bis zum höchsten Rand gefüllt hat. Daran sollten wir uns immer wieder dankbar erinnern.

„Im Leben wohl jedes Menschen gibt es Augenblicke eines unbeschreiblichen Glücksempfindens" – schreibt Inge von Wedemeyer – „mag es auch nur Sekunden dauern, eines Aufatmens, in dem das Innere an uns zu einem überquellenden Danke wach wird. Vielleicht auf einer Wanderung, vielleicht mitten in der Arbeit, wo einem etwas gelungen ist, und man spürt dabei, besser als jetzt kann es nicht gemacht werden. Vielleicht auch manchmal, wo ein besonders schweres Leben sich unverhofft wendet. Oder wenn man nach einer Krankheit endlich wieder schmerzfrei ist. Manchmal auch, wenn man einem Menschen, den man lieb hat, beistehen konnte."

Tage, die uns erwarten, was werden sie uns bringen? Vielleicht ist es besser zu fragen: Was werden wir ihnen bringen? Durch die Antwort darauf wird vieles sich öffnen oder verschließen. Wer seinen Alltag mit dem Schlüssel der Dankbarkeit ver-

Erinnerung

bindet, für den wird auch der alltäglichste Alltag ein anderes Gesicht bekommen und nicht immer nur grau in grau erscheinen. Sind wir es doch selbst, die Farben in solche farblosen Tage bringen können, denn die Kunst des Lebens besteht darin, jeden Augenblick, den günstigen wie den ungünstigen, zum bestmöglichen zu machen, um auf diese Weise das Leben zu meistern. Vielleicht hat dazu der Dichter Bernanos den wichtigsten Satz geprägt: Die einzige Art, das Leben zu meistern, besteht darin, es zu lieben.

Wiederentdeckte Gaben

Ich kenne eine Frau, die den Mut gehabt hat, in späten Jahren etwas ganz Neues anzufangen, etwas, von dem sie gar nicht wusste, dass es in ihr angelegt war. Die Anforderungen des Alltags hatten diese besondere Gabe wohl immer wieder überlagert. Es war die Liebe zum Malen, die sie eines Tages wiederentdeckte.

Vor ein paar Jahren sprach sie ziemlich niedergeschlagen davon, dass es mit ihr zu Ende gehe, denn über 65 sei es ja auch nicht mehr weit her mit dem Leben. Bei diesem Gespräch hatten wir dann gemeinsam überlegt, was man gegen solch dunkle Gedanken tun könnte. Sie sprach davon, wie gern sie als Kind gemalt habe. Als ich sie dazu ermutigte, es doch wieder einmal zu probieren, hat sie zunächst abgewehrt, aber irgendwie musste sie die Idee doch beschäftigt haben. Vor einiger Zeit hat sie mich ganz beglückt angerufen und über ihre erste Ausstellung erzählt, die sie mit gutem Erfolg durchführte.

Sicherlich muss man im Alter seine Ansprüche auch den verbliebenen Fähigkeiten anpassen und seine Ziele nach dem ausrichten, was noch erreichbar ist. Jedenfalls sollten wir nicht sagen: „Ich geb' auf, was soll alle Mühe. Es lohnt sich nicht." Für jeden unter uns ist wahr, dass unser Leben seiner

Erinnerung

Anlage nach mehr ist, als was wir daraus gemacht haben. Und wir sollten dieses Mehr auch wollen, denn den Rest des Lebens einfach nur in Wiederholungen von dem, was mal war, zu begehen – wie langweilig wäre das.

Mir sind einmal ein paar Regeln untergekommen, die zusammenfassen, was für das Älterwerden bedenkenswert ist.

„Bleibe stets in der Nähe zur Natur. Sie ist Beispiel für Leben." Tatsächlich, im Wachsen, Reifen, Blühen und Fruchttragen etwas von der eigenen Lebensform wiederzuerkennen, die sich in solch einem Naturbeispiel spiegelt – das wäre doch etwas.

Oder: „Bleibe auf einem Lieblingsgebiet kenntnisreich und lass andere daran teilhaben." Hat das nicht sogar zu tun mit dem, was wir manchmal Früchte nennen? In der Bibel steht der Satz: „Ein jeglicher diene seinen Mitmenschen mit der Gabe, die er empfangen hat."

Ein nächster Punkt: Gib den Erinnerungen Raum in deinem Leben. Wenn wir uns an manchen Tagen nicht an dem freuen können, was gerade ist, dann sollten wir uns an dem freuen, was war, was uns im Leben schon geschenkt wurde.

Eine weitere Regel: „Bleibe stets in Gottes Nähe. Er führt dich und deine Sache zum Ziel." Vielleicht ist das das Schwerste, sich in sein Los zu schicken, sich einverstanden zu erklären mit dem,

Erinnerung

was jetzt ist. Das heißt, die Zeit anzunehmen, die mir damit gegeben wird – als Mensch, der sagt: „Meine Zeit, Gott, steht in deinen Händen." Gott reicht uns Tag um Tag unsere Zeit wie eine gefüllte Schale dar. Wir trinken daraus und schöpfen Mut zum Leben, im Vertrauen, dass alles gut wird. Das gilt für jeden Lebensabschnitt.

Erinnerung

Der schönste aller Gärten

Jeder hat Erinnerungen. Es kommt freilich darauf an, wie man damit umgeht. Ob man seine Lebensabschnitte einfach abhakt, aus, vorbei, gewesen. Oder ob man sie im Innern bewahrt und wie einen Schatz hütet.

„Erinnerungen sind wie eine Schatztruhe." Das klingt geheimnisvoll und vielversprechend. Es macht neugierig und erzeugt Spannung. Denn, tatsächlich, was ist in dieser Schatztruhe der „Erinnerung" wohl alles verborgen? Alles das, was unser Gedächtnis aufbewahrt hat, nicht nur optische Eindrücke, sondern auch Gehörtes, Geschmacksnuancen, Berührungen, Gerüche. Man braucht nur die Augen zu schließen – und es ist, als würde man die Schatztruhe öffnen. Die schönsten Erinnerungen liegen ausgebreitet vor uns und funkeln uns an. Man muss keine Angst davor haben, den Deckel gleichsam zu lüften. Nicht irgendein böser „Geist aus der Flasche" baut sich vor uns furchterregend auf, dem wir hilflos ausgesetzt wären. Vom Schöpfer ist es so geordnet, dass wir uns durch gute Erinnerungen stärken und durch schlechte Erinnerungen begleiten lassen.

Da geht man dann wieder seinen Schulweg entlang. Und wie immer steht da der Eisverkäufer mit seinen blitzenden Kappen auf den lecker duftenden Eisbehältern. Ein Fünfer genügte für die Kostbarkeit von zwei Kugeln. Oder die erste Freundin: Man ging neben ihr her wie auf Wolken. Und wenn die Hände sich berührten, ging es einem durch und durch – bis zu einem Kuss war es noch weit, sehr weit – aber die Seligkeit der ersten Liebe!

Oder die Ferien. Nein, nicht irgendwo in den Bergen oder an der See oder gar im fremden Land, sondern zwanzig Kilometer weiter, bei einer Tante. Sie hatte ein „Kolonialwaren-Geschäft". Es roch nach Tabak, Schnaps, Heringen, sauren Gurken und allen möglichen Gewürzen. „Nimm dir nur, was du magst, brauchst nicht zu fragen", sagte sie. Dann gab es kein Halten mehr. Oder die Mitfahrt mit einem riesigen Lastauto – Erlebnisse, die unvergesslich bleiben.

Oder, wie einer sagte: „Wenn die Menschen Kummer haben, sehnen sie sich nach den Speisen ihrer Kindheit. Ihre Lieblingsgerichte erinnern sie an die Arme der Mutter, die sie beschützt haben." Wie oft taucht man in schweren Zeiten in die Erinnerungen ein und klammert sich an sie wie an einen Rettungsring.

Tatsächlich hat Jean Paul Recht, wenn er schreibt: „Die Erinnerung ist das einzige Paradies, aus welchem wir nicht vertrieben werden können." Wie oft kommt es vor, dass man im Familienkreis beisammen ist und einer fängt an: „Er-

Erinnerung

innert ihr euch, wie wir in Schweden Pilze und Blaubeeren suchten und entdeckten, wie man eine Woche lang von den Früchten des Waldes leben kann?" Und schon sagt ein anderer: „…und wie wir am Laima-See ein Floß bauten und eine Insel ganz für uns hatten."

Wir haben viel in jener Schatztruhe der „Erinnerung" gespeichert. Der amerikanische Schriftsteller Hol Boyle schrieb dazu: „Das Gedächtnis ist der schönste aller Gärten. Winters wie sommers schlummern hier die Samen der Vergangenheit. Bereit, sich augenblicklich zur Blüte zu entfalten, wenn der Geist es will."

Da denke ich an eine Tochter, die sich an ihren Vater erinnert: „Jeden Morgen kam ich auf dem Weg zur Arbeit an dem Haus vorbei, in dem mein Vater wohnte, und ich schaute stets zu ihm hinein, um eine Tasse Kaffee mit ihm zu trinken. Er stellte mir auch immer frische Brötchen hin, weil er nicht wollte, dass ich mit leerem Magen zur Arbeit kam. Als ich einmal an einem kalten, regnerischen Tag verschlafen hatte, rief ich ihn an: „Ich kann heut nicht kommen, ich bin zu spät dran. Also, es reicht nicht, um bei dir Station zu machen, aber morgen…" Er war enttäuscht, das spürte ich. Ich setzte mich ins Auto und fuhr los. Beim Einbiegen in seine Straße sah ich eine Gestalt mit einer Tüte in der Hand im Regen stehen. Es war mein Vater. Er wartete auf mich. Ich sollte wenigstens meine

Erinnerung

Brötchen haben. Wenn ich heute daran denke…"
Erinnerungen – eine Schatztruhe.

Und wie ist es mit den Glaubenserfahrungen, die wir gemacht haben? Wurde uns nicht oft schon Hilfe zuteil, wo wir nicht mehr weiterwussten? Waren nicht viele Worte der Bibel für uns wie ein zugeworfenes Seil, das uns herauszog aus dem Dunkel eines Kummers. Nicht umsonst sagt Jesus: „Der Heilige Geist wird euch erinnern an all das, was ich euch gesagt habe" (Johannes 14, 26).

So mögen wir unsere Zeit nach vorwärts leben – das muss so sein. Aber die Schatztruhe der „Erinnerung" sollten wir nicht verschlossen halten, weil wahr werden will: „Gott gibt uns das Gedächtnis, damit uns im Dezember Rosen blühen" (James Barrie).

Erinnerung

Fotos erzählen Geschichten

Wie alt, wie jung wir sein mögen, einmal wird jeder auf seine Weise allein sein und von vielen Erinnerungen leben. Und die Erinnerungen bekommen manches Mal Hand und Fuß dadurch, dass Fotos hervorgekramt werden, die diese Erinnerungen mit bestimmten Personen, mit bestimmten Menschen füllen. Und wie viele Zwiegespräche gibt es dann zwischen einem alt gewordenen Menschen und denen, die nicht mehr da sind, deren Fotos aber uns eine lebendige Geschichte erzählen.

Zwiegespräche, in denen Raum ist für Fragen, auf die es keine Antwort mehr gibt. Aber auch das Erzählen von Geschichten, wie sie damals passiert sind. Davon „sprechen" die Fotos auf ihre besondere Weise. Sie erzählen von den Kindern, die man gehabt hat, die einem gute, aber auch schwere Jahre bereitet haben. Und sie erzählen von den Enkeln, die mit ihrer Munterkeit und ihrer Frische deutlich gemacht haben, wie das Leben weitergeht. Aber dazwischen auch das Bild von der eigenen Mutter, neben der man als Kind steht, und damals war Fotografieren noch etwas Seltenes. So selten ist auch diese Aufnahme geblieben und als ein kostbares Erinnerungsstück aufbewahrt worden. Und dann das Foto von dem Ehemann, neben dem man damals noch in guten Jahren stand. Er ist längst heimgerufen worden, aber die gemeinsame Geschichte, die über viele Jahrzehnte hin die Ehe verbunden hat, ist unvergessen.

Darum, welch eine Freude. Wenn man endlich jemand anderem davon erzählen kann. Jemandem, der nicht sagt, dafür habe ich keine Zeit. Der auch nicht nur einen Blick auf die Gestalten der Fotos wirft und dann ein bisschen lächelnd und abschätzig sagt: „Lauter altmodischer Kram, was Sie da haben!" Nein, so nicht. Vor dem würde man sich gleich wieder verschließen. Aber vielleicht gibt es auch jemanden, der zuhören kann. Der nicht auf dem Sprung ist, gleich wie der den nächsten Termin hat, sondern der aufmerksam aufnimmt, was einem eine ältere Frau mit bewegten Worten erzählt. Und sie hat endlich mal jemanden, der ihr sein Ohr leiht. Das tut wohl. Und er? Wird er bei sich denken: „Was geht mich das alles an?" – „Wie komme ich hier am besten weg?" Oder wird er zuhören, weil er begreift, dass er dabei mit seiner eigenen Zukunft umgeht. Mit jener Zukunft, die ihn auch einmal alt werden und alt sein lässt. Und von der er doch hofft, dass es dann auch Menschen gibt, die ihm zuhören werden.

Was behalten wir eigentlich am meisten in unserem Leben? Was vergessen wir nicht mehr? Nun, mancher mag sagen, die schwersten Erlebnisse, die mich geprägt haben und die so tiefe Einschnitte für mein Leben bedeuten, dass sie nicht mehr wegzudenken sind. Manchmal auch die Enttäuschungen. Ich kann nicht vergessen, was meine Tochter, was mein Sohn mir angetan haben, mein Mann oder meine Frau. Seitdem geht da mitten durch mich hindurch ein Bruch. Aber haben wir nicht auch Erinnerungen aufgehoben an das, was die Kinder in ihren Kindertagen gesagt haben, so wie es einem niemand mehr gesagt hat?

Mir kommt dazu das Gedicht „Erinnerung" von Rudolf Presber in den Sinn:

Da plötzlich schmeichelnd mit den lieben
Äuglein mein Kindchen zu mir schlich:
Weißt Du, Papa, was ich geschrieben?
Ein Briefchen? – Ja. – An wen? – An Dich!

Goldkind, an mich? Was steht darin?
Der Abend macht die Augen trüb…
Und sie nach lächelndem Beginnen:
Dass ich Dich lieb hab, furchtbar lieb!

Es floss ein letzter Sonnenschimmer
Ums Köpfchen ihr mit gold'nem Hauch. –
Das schreibst Du mir im selben Zimmer?
Sag's mir doch laut, dann weiß ich's auch.

Da sah mich an das kleine Wesen
Und reicht das Blatt mir lächelnd hin:
Behalt's, Papa, dann kannst Du's lesen,
wenn ich mal nicht im Zimmer bin.

Erinnerung

Nur ein Blatt ist zurückgeblieben – aber was erzählt es jenem Vater! Und wie viele Blätter haben unsere Kinder aus ihren Kindertagen zurückgelassen, und manchmal kramen wir sie hervor. Und da gibt es auch so etwas, wo nur wir gemeint waren mit diesem, was sie da malten oder schrieben. Es sind auch Erinnerungen an das Leben mit seiner Fülle, mit seinem Glück, mit seinen Schönheiten.

Die Dankbarkeit bleibt, für das, was wir hatten, und für das, was wir waren. Dankbarkeit, das ist: gutes Gedächtnis für empfangene Wohltaten. Erinnerungen also auch: „Vergiss nicht, was Gott dir Gutes getan hat."

Erinnerung

Aufeinander achten

Es war ein schöner Tag, jener Donnerstag. Die Sonne hatte es endlich geschafft und versprach jenen Sommer, den man sich für seinen Urlaub erhofft hatte. Schon früh zogen die Mädchen und Jungen ans Wasser. Sie hatten sich dort aus alten Baumstämmen ein Floß gebaut, mit dem sie eine Insel weit draußen im See ansteuern wollten. Das, so meinten sie, würde der Anfang ihrer Robinsonade sein. Aber auch der Bootsverleiher hatte seinen großen Tag, die Ruderboote gingen nur so weg; einige strammgebaute Väter erhofften sich von deren Benutzung, dass der Bauchspeck ebenso wegginge.

Ein Ehepaar wollte seinen drei Kindern eine besondere Freude machen und mietete ein Motorboot mit der Möglichkeit, es auch als Schleppboot für Wasserski zu benutzen. Nachdem der Vater einige Proberunden gedreht hatte, stieg der 14-jährige Sohn in die Wasserski und ließ sich über den See schleppen. Währenddessen hatte sich am Steg so etwas wie ein richtiges Badeleben entwickelt. Die bunten Badermützen schaukelten wie Wasserblumen auf den Wellen.

Während der Fahrt rief der 14-jährige Junge seinem Vater zu, er möge ihn mit den Wasserskiern einmal am Steg vorbeifahren, damit er seinen

Erinnerung

Freunden zuwinken könne. Das tat der Vater. Und während er sich dem Steg näherte, um daran vorbei zu „defilieren", schaute er zurück und freute sich über den Jungen, der seine Kraft erprobte und stolz war, diese von ihm bisher nicht ausgeübte Sportart so zu beherrschen.

Genau in diesem Augenblick kraulte ein 13-Jähriger am Steg vorbei, sieht vor sich das Boot, taucht weg, hofft, dass die Luft reicht, kommt zu früh hoch – und gerät in die Schraube. Niemand bemerkt den Unfall so richtig. Keiner weiß auch so recht, wie der Junge eigentlich ins Flache zurückgekommen ist. Plötzlich sieht man da nur einen liegen, der schreit: „Helft mir, Hilfe!" Manche halten das für einen Scherz, sie winken ihm zu. Bis endlich einer entdeckt, wie um ihn herum das Wasser sich rot färbt. Da erst springen einige hinzu.

Was sie sehen, verschlägt ihnen den Atem. Drei tiefe Wunden im Abstand von 20 Zentimetern ziehen sich über den Rücken. Ein paar Beherzte fassen zu, tragen den Jungen auf eine Gummimatte, einer ruft: „Ein Arzt, wo ist ein Arzt!"

Der Ruf pflanzt sich am Ufer entlang fort. Es stellt sich heraus, dass zwei Ärzte in dem Camp wohnen. Notverbände werden angelegt.

Jetzt plötzlich reden Leute miteinander, die sonst wenig miteinander zu tun hatten. Es gibt an diesem Tag nur ein Thema, auch bei den jungen Leuten, die gestreift worden sind von etwas, das nicht in die heitere Welt des Sommers hineinpasst. Man bleibt zusammen, bis der Arzt zurück ist.

„Was ist, wird er durchkommen? Besteht Gefahr für Querschnittslähmung?" Als der Arzt berichtet, dass es um Haaresbreite für den Jungen gut ausgegangen ist, atmet jeder erleichtert auf. Aber dann geht man nicht auseinander. Man denkt nicht: Damit ist es erledigt, nun ist ja alles gut. Es werden Absprachen getroffen, wer wann nach S. fährt. Es wird ein Besuchsdienst organisiert. Die jungen Leute überlegen, wie sie dem 13-Jährigen helfen können. Interesse ist geweckt für einen Menschen, Zuwendung ist ausgelöst, Hilfe wird angeboten. Die Ärzte haben das Ihre getan. Ein juristischer Sachverständiger begleitet das Gespräch zwischen den Eltern des verunglückten Kindes und dem Motorbootfahrer. Gilt es doch, auch diese schwierigen Probleme in einem Geist von Verständigung, Fürsorge und Sachkenntnis zu behandeln. Auch für den unglücklichen Vater, dem das alles passiert war am Steuer des Motorboots, hatte man Worte und Gesten des Bedauerns, was sich nicht in Vorwürfen erschöpfte. Er selbst tat sein Möglichstes, nicht nur finanziell. Er lud den Jungen drei Wochen in sein Schweizer Ferienhaus ein, diesen Jungen, der noch einmal davongekommen war und den nur ein paar Narben daran erinnern würden, dass er in großer Gefahr geschwebt hatte.

Erinnerung

Zwei Tage später sind wir zu Besuch bei dem Jungen und bringen ihm Obst mit und Bücher. Man sitzt und erzählt sich was. Mitten drin, unter den vielen Worten, dann auch das eine, von dem wir alle den Vers kennen: „In wie viel Not hat nicht der gnädige Gott über dir Flügel gebreitet." Der Junge, ein Konfirmand aus Hannover, und seine Eltern lassen sich gern an diese Wirklichkeit erinnern, die angesichts dieser Erfahrung offene Sinne finden.

Seit jenem Ereignis hat sich unter den Urlaubern etwas geändert. Ein neuer Ton des Umgangs miteinander war aufgekommen. Als wäre eine neue Aufmerksamkeit geweckt worden für die, mit denen man einige Wochen zusammenlebt. Es gab plötzlich auch in anderen Zusammenhängen den kleinen wichtigen Satz: „Kann ich Ihnen helfen?" Ich frage mich seitdem: Warum lockt uns erst ein Unglück aus unserer Reserve heraus? Warum gehen wir nicht überhaupt unbefangener aufeinander zu? Warum nützen wir nicht die Zeit, um uns mehr für einander zu interessieren? Es gilt etwas von dem zu praktizieren, was der Apostel Paulus in die Mahnung bindet: „Nehmt euch untereinander an, wie Christus euch angenommen hat."

Erinnerung

Ein Urlaubstraum

Es müsste eine Landschaft sein, mit einem großen See, an dem viel Platz ist, dessen Ufer nicht zugebaut ist. Groß genug, um Boot zu fahren und mit diesem Boot irgendwo zwischen den Schilfwänden zu verschwinden, um „Siesta" zu halten – und klein genug, dass man bis ans andere Ufer schwimmen kann, denn ein bisschen Leistung zur Selbstbestätigung eines gewissen sportlichen Ehrgeizes – das tut wohl.

Ja, und dann hätte ich gerne Wald um mich. Bäume, die bis an das Wasser reichen – Baumstämme, die wie Pfeiler sind, zwischen denen das Sonnenlicht spielt und putzige oder skurrile Figuren auf den Boden malt. Und nicht zu vergessen: die Luft. Wenn man die Augen schließt, kann man sich ganz konzentrieren auf diesen herben, kräftigen, würzigen Duft aus Harz und Waldboden. Und wie viel Glück, den Seinen für eine paar Stunden adieu zu sagen und dann zwischen den Stämmen davonzuschlendern, auf ungebahnten Wegen, nur so vor sich hin, hier ein paar Beeren pflückend, dort eine alte Wurzel aufhebend, mit der man vielleicht am Abend am kleinen Feuer vom Blockhaus eine richtige Alraunegeschichte erzählt.

Und dann, an einem anderen Tag, tief drinnen im Wald, auf moorigem Grund, kräftige Hufeindrücke eines Hirsches – das Jagdfieber packt einen. Dazu braucht es keine Büchse und keinen Fotoapparat, nur ein paar scharfe Augen und einen leisen Tritt. Vielleicht, dass irgendwo zwischen dem Licht im Unterholz das mächtige Geweih das sichernde Tier verrät … vielleicht. Dann am Abend nach Hause kommen, vor der Tür sitzen, beim Feier, und mit der Frau und den Kindern nachdenken, mal ein Gedicht lesen – warum nicht Eichendorff… „Es war, als hätt' der Himmel die Erde still geküsst…" Oder Matthias Claudius: „Es gibt was Besseres auf der Welt als all ihr Schmerz und Lust."

Das sind meine Träume, aber noch habe ich alles vor mir, vielleicht kann es so werden. Vielleicht gewinne ich auch eine neue Offenheit, ein ganz anderes Augenmaß für die göttliche Ordnung.

Darauf wird es für uns alle doch ankommen, dass wir ansprechbar werden für die Sprache der Dinge um uns herum. Ansprechbar vielleicht aber auch auf die Frage: Wer sind wir eigentlich in diesem großen Ganzen der Schöpfung? Es ist jenes Staunen, das ein Mann aus dem 8. Psalm mit den Worten beschreibt: „Was ist der Mensch, dass du, Gott, seiner gedenkst und des Menschen Kind, dass du dich seiner annimmst?"

ERINNERUNG

E Zur Erinnerung gehören **Einsichten**, die wir gemacht haben und **Einfälle**, die wir gehabt haben, um sie ins Leben umzusetzen.

R Eine **Rückbesinnung** und Besinnung heißt ja immer, ich gehe an eine Zeit heran, nicht oberflächlich und nicht mit irgendeinem Verweigerungselement und auch nicht mit der Bitterkeit des Rachedurstes, nein, besinnungsreich. R wie Rückbesinnung.

I wie **Innenraum**... Ist manchmal auch nicht so bedeutend... Und es gibt den schönen Satz: Gott hat uns das Gedächtnis gegeben, damit uns im Dezember Rosen blühen. Also auch in der Zeit, wo so vieles langsam irgendwie anders wird. Dezember – Rosen blühen. Innenraum.

N **Nachdenken**. Wer nachdenkt, der dankt auch. Denken und Danken haben unendlich eng miteinander zu tun. Wer denkt, der dankt, wer dankt, der denkt weiter. So hängt das zusammen.

N **Niederlagen verkraften**. Ich hab mal einen Satz gelesen, da hieß es: „Alles haben uns unsere Lebenstrainer gelehrt, alles, nur nicht, wie man Niederlagen verkraftet."

Erinnerung

Und gucken Sie sich das mal ein bisschen an, in unserer Gesellschaft, wehe, wenn etwas schief geht. Bei wie vielen ist das so, dann ist der Ofen aus. Obwohl es da erst anfing, sich mit etwas auseinander zu setzen, wo es darauf ankommt, wer man eigentlich ist. Es gibt den schönen, wunderbaren Vers von Dag Hammerskjöld, dem früheren Generalsekretär der UNO: „Anderer Weg hat Rastplätze in der Sonne, aber dieser Weg ist der deine. Weine, doch klage nicht. Dich wählte der Weg und du sollst danken."

Niederlagen verkraften.

E wie **Entwicklung**. Ja, wir kommen von woher und gehen wohin. Und es mag sich vieles in unserem Dasein geändert haben. Man muss von einem Licht fort in das andere gehen. E – Entwicklung.

R wie **Reifen**. Reifezeit heißt ja immer, Unterscheidungsvermögen gelernt haben in unseren Jahren aus der Erinnerung heraus für das, was wichtig ist und für das, was dann erst kommt.

U Davon haben wir schon gesprochen, **Urvertrauen**.

N wie **Neugier**, ja auch neugierig auf das, was war und was wird.

Erinnerung

G wie **Gebet**. Erinnerungen, sie können uns manchmal so fixieren, dass wir uns an sie verlieren können. Das ist eine gefährliche Erfahrung und dass wir über diese Fixierung durch die Erinnerung gleichsam steif und starr werden.

Die Bibel hat eine großartige Geschichte dafür, die Frau von Lot. Sie mit ihren Kindern und ihrem Mann Lot heraus gerettet durch Abrahams Fürbitte aus Sodom und Gomorra, mit der Auflage, keiner soll sich umdrehen, keiner in dieses Elend einer zerstörten Stadt gucken, über die das Gericht Gottes ergeht. Aber sie erträgt es nicht. Zu viel, was da war. Sie dreht sich um und da sagt an dieser Stelle die Bibel: Sie wurde zu einer Salzsäule. Das muss man nicht falsch irgendwie in etwas übersetzen. Das muss man begreifen mit dem Stichwort „Erstarrt". Erinnerungen, die uns erstarren lassen. Aber… „wer Gott fürchtet, gedenke dessen, was er Gutes erfahren hat."

„Vergiss nicht, was er dir Gutes getan hat."

Alles dies und vieles mehr lässt aus Erinnerungen so etwas wie den Mut wachsen:

Der, der uns gestern geleitet, heute geführt hat, ist der Gleiche, der uns morgen in das letzte und umfassende Licht bringt, auch wenn es noch einmal durch einen dunklen Gang geht, so wie wir vor soundsovielen Jahren durch den Mutterschoß, einen dunklen Gang, zur Welt gekommen sind.

Ermunterung

Ermunterung

Stichwort für Steckengebliebene

Manchmal möchte man in ganz bestimmten Situationen so etwas wie ein hilfreiches Wort haben, das einen weiterbringt. Ein Stichwort, denn tatsächlich kommt man sich ja manchmal auf der Bühne des Lebens vor, als wäre man stecken geblieben, und es geht und geht nicht weiter. Aber wenn einem jetzt jemand so ein Stichwort sagen würde, das weiterhilft – das gäbe eine neue Bewegung. Plötzlich kann man wieder.

Aber woher soll es kommen? Wir schauen uns um und sehen eben auch so Leute wie uns, ähnlich verlegen, ähnlich stecken geblieben. Die fragen ja auch: Woher bekomme ich solch ein Stichwort? Wer hilft mir weiter? Und wie verlegen sind wir gegenüber dem, wonach wir uns bisher gerichtet hatten, denn es stellt sich oft heraus: Es trägt doch nicht so weit, wie wir vermutet hatten.

So ein Stichwort wäre wie eine Leitplanke, an der man sich durch einen Tag tastet. So ein Stichwort ist kein Schlagwort. Davon haben wir genug. Wir brauchen etwas für uns selbst, das uns darauf aufmerksam macht, worauf es jetzt, heute, ankommt. Ein Stichwort, das sozusagen Energien freisetzt, um das Leben, um diesen Tag heute zu bewältigen, damit es gelingendes Leben gibt. Woher bekommen wir es?

Ermunterung

„Von allen Seiten umgibst du mich, Gott, und hältst deine Hand über mir" (Psalm 139, 5). Das wäre doch ein Stichwort: Gewiss zu sein, ich bin von guten Mächten wunderbar geborgen. „Von allen Seiten", das heißt doch: Der Alltag, Ihr Alltag heute, ist offen für Gott. Auf allen Wegen, heute, kann man diese Erfahrung machen. „Du umgibst mich." Wie eine Nährflüssigkeit, die mich am Leben hält. Oder wie einer, der seinen Arm schützend um mich legt. Welch ein Stichwort! Nehmen wir es auf, sind wir nicht mehr festgefahren. Wir brechen auf zu Hoffnung, zu der Erwartung, dass es anders mit uns werden kann.

„Von allen Seiten umgibst du mich, Gott!" Auch dort, wo ich meine schwachen Seiten habe, umgibst du mich, und wo ich dich ganz besonders nötig habe, dort „hältst du deine Hand über mir".

Ein Stich-Wort, das in unser Leben einsinken will. Es soll uns nicht nur da oben im Kopf treffen, sondern vom Kopf zum Herzen wandern. Eben das tun, was es sagt: Es sticht, es trifft.

Bei Kierkegaard gibt es den schönen Satz: „Man muss im Leben darauf achten, wann das Stichwort für einen kommt." Jedenfalls wünsche ich Ihnen, dass damit Ihr Tag ein anderes Gesicht bekommt. Wie sollte das auch nicht geschehen, wenn dies doch die eigentliche Wahrheit unseres Lebens ist: Von allen Seiten umgibst du mich und hältst deine Hand über mir.

Ermunterung

Das elfte Gebot

Jetzt, am frühen Morgen, wenn die Vögel schon vor sich hinpfeifen, hell und heiter in den Tag hinein, da könnte man sagen: Eigentlich singen sie einem Zuversicht zu. Ich weiß, wir sind Menschen, die ihre Kümmernisse haben, aber vielleicht sollten wir uns doch manches Mal auch ermutigen lassen. Auch diejenigen unter uns, die sozusagen nichts zu lachen haben.

Für alle diese und für viele andere fand ich einen Satz, der hineinpasst in die Unruhe, Enttäuschung und Müdigkeit. Er ist fast schon wie ein Gebot. Und manchmal ist er für mich selbst auch so etwas wie das elfte Gebot, weil er mir so unerhört wichtig zu sein scheint und auch einleuchtend: „Ich habe dir geboten, spricht Gott, dass du getrost und fröhlich seist" (Josua 1, 9). Ist das nicht wirklich ein Satz für Sie?

Freilich, wen betrifft er? Und jetzt denke ich an diejenigen, die überhaupt keine Lust mehr haben, weder zum Arbeiten noch zum Leben. Nicht einfach, weil sie das Leben verachten, sondern weil es ihnen so mitgespielt hat, und sie denken: Ich will nicht mehr. Bei dem einen ist die Enttäuschung groß über die Freundin; oder die Frau ist plötzlich schwer erkrankt und der Mann sagt: Mit dir von jetzt an nicht mehr! Und das sagt er ihr ins Gesicht. Oder da ist ein Vater, zu dem die Tochter sagt: Ich möchte mich endlich von euch befreien. Und sie tut das auf eine Weise, dass sie um sich schlägt, und zurück bleiben nur Verwundete. Jeder kennt solche Zeiten, bei jedem ist es anders und für jeden Einzelnen schwer.

Aber nun der Satz: „Ich habe dir geboten, dass du getrost und fröhlich seist!" Wie ist das zu verstehen? Kann man denn das überhaupt, Freude befehlen? Freude am Leben?

Nun, nicht ich versuche hier, Ihnen ein bisschen Mut zufließen zu lassen; ich würde meine Möglichkeiten überschätzen, wenn ich mich mit diesem Ich dieses Satzes identifizierte. Das hat eine ganz andere Qualität, dieses Ich. Und dort, wo es gebietet, hat es auch Kraft, Umstände und Lebensklima zu verwandeln. Denn jener Satz geht ja so weiter: „... lass dir nicht grauen und entsetze dich nicht, denn ich, der Herr, dein Gott, bin mit dir in allem, was du tun wirst" (Josua 1, 9). Das heißt doch, Gott ist mit auf unserem Weg, nicht ein Fremder, kein hereinschauender Besucher, der gleich wieder geht, sondern einer, der sich einmischt und der sich in unser Dasein verflechten lässt, sodass wir erfahren sollen, er ist zu uns unterwegs. Und es bleibt nicht immer alles so, wie es jetzt ist. Denn manches Mal benutzt Gott Menschen, um andere zu ermutigen. Eigentlich hätten wir heute miteinander diese schöne Aufgabe, dem anderen dieses Getrostsein und diese Freude zuzuwenden und uns damit im Dienst für den Menschen und im Dienst für Gott einsetzen zu lassen.

„Ich habe dir geboten, dass du getrost und fröhlich seist!" Diesen Satz muss man buchstabieren in den Situationen, in denen es darauf ankommt. Und ich glaube schon, Sie werden erfahren, wie die Situation und Ihre Einstellung dazu sich ändert und wie man mit einem anderen Blick an die Dinge herangeht, aber auch auf die Menschen zugeht.

In einem Wildwestfilm habe ich einmal gehört und gesehen, wie einer zum anderen sagte: „Mann, ich knipse dich aus!" – und das heißt ja: Dein Licht verlöscht. Aber man könnte es auch andersherum sagen, so wie junge Leute das heute manchmal sagen: „Ich mache dich an!" Und wenn man dann diesen Satz „Ich habe dir geboten, dass du getrost und fröhlich seist" einmal so umsetzt, dann könnte man auch sagen: „Gott macht mich an!"

Ein paar Bilder dazu: Eine Tür geht auf – Licht liegt über einem Tal – man kommt vom Dickicht auf einen Weg – Nebel lichten sich...

Das „Ja" Gottes will auch das „Nein" zu uns selbst, das wir oft sprechen und erfahren müssen, umfangen und durchlässig machen für die Freude und für das „Ja" zum Leben!

Ich wünsche Ihnen, dass Sie sich so sehen und nicht vergessen: Der Mensch ist ein Licht. Hell, freundlich, wärmend!

Ermunterung

Wer hofft, findet heraus

Was die Hoffnung vermag in einer ausweglosen Situation, macht ein Märchen aus Indien deutlich. Darin wird von einem hohen Beamten erzählt, der bei seinem König in Ungnade fiel. Er wurde im obersten Stock eines Turmes eingesperrt. In einer hellen Mondnacht schaute der Gefangene aus dem Fenster seines Gefängnisses und sah unten am Turm seine Frau stehen. Er verstand nicht, was sie dort suchte, was sie dort tat. Sie hatte einen großen Käfer gefangen, der gerne Honig aß. Sie bestrich die Fühlhörner des Tieres mit Honig und befestigte an seinem Fuß einen seidenen Faden. Dann setzte sie ihn an die Mauer des Turmes. Der Käfer kroch langsam, dem Duft des Honigs folgend, immer höher. Bis er schließlich zum Fenster des Gefangenen gelangte. Der Gefangene sah den Käfer und holte ihn herein. Er löste vorsichtig den Seidenfaden und zog diesen zum Fenster herein. Der Faden aber wurde immer schwerer, es schien, als ob noch etwas anderes daran hinge. Und in der Tat, am Ende des seidenen Fadens zog er einen Bindfaden nach oben. Aber auch dieser wurde schwerer, bis der Gefangene schließlich ein starkes Seil in der Hand hatte. Dieses Seil machte er am Fensterkreuz fest, ließ sich daran hinab und floh mit seiner Frau aus dem Land des ungerechten Königs.

Ermunterung

Welch eine Geschichte! Sie erzählt von dem, was Hoffnung vermag. Was alles dazu gehört? Sich nicht aufgeben, dabeibleiben, Möglichkeiten überlegen und Einfällen, seien sie auch noch so „verrückt", Raum geben. Immer wird es dabei auch darauf ankommen, von jemandem zu wissen, der die Hoffnung für einen selbst wird. So, wie das diese Geschichte erzählt. Auftretende Schwierigkeiten werden überwunden durch eine Fantasie, die nichts auslässt, der Hoffnung Spielraum zu verschaffen.

Fast nie ist es so, dass alle Schwierigkeiten auf einen Schlag gelöst werden. Aber Schritt um Schritt, Idee um Idee, Hoffnung um Hoffnung, so wie das die Geschichte erzählt, öffnen ausweglose Situationen.

Vielleicht wartet mancher in seiner Einsamkeit zu sehr auf die ganz große Hilfe, auf die entscheidende Wende und übersieht dabei die kleinen Hoffnungen, die sich anzeigen, vergleichbar jenem seidenen Faden, mit dem der Käfer in die Zelle des Gefangenen kroch. Denn wo so ein kleiner Anfang ist, kann noch mehr kommen. Darum sollten wir die kleinen Zeichen, die es da und dort gibt, nicht gering achten.

Ermunterung

„Gott wird helfen"

So ein Satz kann Ausdruck eines wunderbaren Vertrauens zu Gott sein. Da ist man in eine Notlage geraten, alle eigenen Kräfte schwinden, und man sieht sich am Ende seiner Möglichkeiten. Und mitten in aller Ausweglosigkeit erinnert man sich daran, wie viel Hilfe einem widerfuhr nach der Weise: „Denke daran, was der Allmächtige kann, der dir mit Liebe begegnet." Man weiß, in wie viel Not der gnädige Gott Flügel über einen gebreitet hat und wie oft es ein Davonkommen gab, obwohl alles zu Ende zu sein schien.

„Gott wird helfen" ist Ausdruck eines großen, lebendigen Vertrauens. Aber es kann auch zu einem Prinzip werden, zu einer Art Formel, aus der das Leben längst entwichen ist. Ich denke da an eine Geschichte aus der rabbinischen Tradition:

Bei einem Hochwasser war auch das Haus des Rabbi von den Wassermassen eingeschlossen. Die Nachbarn kamen, klopften an das Fenster, riefen ihm zu: „Rabbi, das Wasser steigt, komm, wir helfen dir. Wir bringen dich durch, mach dich mit uns auf den Weg."

Aber er sagte: „Gott wird helfen."

Als das Wasser immer mehr stieg, machten sich einige unerschrockene Männer auf den Weg und ruderten in einem Kahn zum Haus des Rabbi, um ihn vor den Wassermassen zu retten. Aber auch diesmal wusste er auf ihre dringende Einladung und Bitte nur zu antworten: „Gott wird helfen."

Inzwischen war das Wasser so gestiegen, dass der Rabbi sich auf das Dach seines Hauses begeben musste, um nicht im eigenen Haus zu ertrinken. Ein Hubschrauber war organisiert worden und flog von Dach zu Dach, um Menschen, die sich dort aufgehalten hatten, zu retten. So kam er auch auf das Haus des Rabbi zu, ganz tief. Und die Menschen im Hubschrauber riefen dem Rabbi, der auf dem Dach saß, zu: „Hier, fass zu. Wir werfen dir ein Seil hinunter und ziehen dich herauf!"

Trotz dieser äußersten Gefahr, die der Rabbi registrieren musste, kannte er keine andere Antwort: „Gott wird helfen." Wenig später spülten die Wassermassen ihn vom Dach und er ertrank.

Im Himmel angekommen, regte er sich darüber auf, dass man ihn blamiert habe: „Gott wird helfen, so habe ich allen zugerufen, und wo warst du, lieber Gott? Warum hast du mir nicht geholfen? Warum hast du mich umkommen lassen? Was müssen die anderen Leute von dir denken?"

Er erhielt zur Antwort: „Dreimal wollte ich dir helfen. Einmal schickte ich Leute vorbei, die dich herausholen sollten. Dann der Kahn, welch eine Möglichkeit, davonzukommen! Und zuletzt der Hubschrauber. Der war Rettung in allerletzter Not. Aber du wolltest ja nicht."

Ermunterung

Wie schnell wird übersehen, dass hinter der dargereichten Hand eines Mitmenschen, hinter der kleinen Aktion von ein paar Nachbarn oder größeren Aktionen eben jene Fantasie Gottes steckt, mit der er uns begegnen will und uns aus den Ausweglosigkeiten unseres Lebens herausführen möchte. Freilich, mancher wartet auf irgendetwas Spektakuläres, irgendetwas, von dem er meint, es sei zugleich auch ein direktes Eingreifen Gottes von oben, das aller Welt wieder einmal kund tut, dass es ihn gibt. Und dafür war man dann selbst Zeuge.

Ja, Gott will helfen. Und er tut es auch. Aber oft auf so menschliche und vielleicht sogar verwechselbare Weise, dass wir sein Wirken dahinter nicht erkennen. Vielleicht kann man bitten: Lieber Gott, gib mir Augen, die dich und dein Tun mir gegenüber sehen, damit ich nicht gefangen bleibe in allerlei eigensüchtigen Erwartungen.

Ermunterung

Wer ist Jesus?

Das ist eine Frage, die unterschiedlich beantwortet werden kann. Der eine mag hinweisen auf die große historische Figur mit ganz bestimmten Überzeugungen, die bis in unsere Tage weitergewirkt haben. Das ist eine sozusagen objektive Aussage. Ein anderer mag davon sprechen, dass Jesus Gottes Sohn ist, und einzelne Sätze aus dem Glaubensbekenntnis zitieren.

Aber ob das jemandem wirklich Antwort auf die Frage gibt: Wer ist Jesus?

Vielleicht muss man darum noch direkter fragen: Wer ist Jesus für Sie, wer ist er für mich? Da muss Farbe bekannt werden. Bei der Antwort wird herauskommen, wie wir es mit ihm halten, was er uns bedeutet, welchen Zusammenhang es zwischen ihm und uns gibt.

Wer also ist Jesus, für Sie, für mich? Manchem verschlägt es die Sprache. So direkt gefragt, mag er nicht antworten. Er hat das Gefühl, dass er sich da nicht ganz auskennt. Er möchte auch nicht zu viel von sich verraten, vielleicht auch nicht zu viel von dem, was ihm unklar ist. Darum ist es gut, andere anzuhören, die ihre Überzeugung äußern.

Zum Beispiel ein Arbeiter: „Am eindrucksvollsten an Jesus ist für mich vielleicht, dass er immer wusste, was er tun musste, wie er sich zu verhalten hatte. Und dass er in jeder Lage, so wie er uns geschildert wird, Bescheid wusste, was zu tun ist."

Ein Berufsschüler: „Ich glaube lieber an einen Menschen, der etwas Gutes getan hat, als an ein überirdisches Wesen."

Ein Theologiestudent: „Ich glaube, dass Jesus sich nicht geirrt hat. Das ist einfach ein Vertrauensakt. Und von daher nehme ich den Mut, ihm zu folgen."

Das sind einige Wenige, aber sie haben für sich selbst geantwortet. Darum noch einmal die Frage: Wer ist Jesus für Sie?

Fällt es Ihnen schwer zu antworten, weil vielleicht lauter Einwände herauskämen, die Sie gegen ihn haben? Oder haben Sie das Gefühl: Wer mit Jesus zu tun hat, muss gewisse Einsichten opfern? Aber vielleicht ist es notwendig, seine Verbohrtheit in eigene Vorstellungen zu opfern. Wer also ist Jesus für Sie?

Wir tun uns oft darum so schwer mit ihm, weil wir denken, es sei ein bisschen wenig, was Gott ihm mitgegeben hat. Die leise Gewalt der Wahrheit, die unter den lauten Stimmen, die sich heutzutage so aufdringlich präsentieren, kaum noch zu Wort kommt. Weil wir so auf der Höhe der Zeit sind und sein wollen, meinen wir ja, wir müssten über Jesus hinauskommen, wir müssten ihn hinter uns lassen. Aber zu wem dann? Sicher, über das, was das Christentum heute ausmacht, müssen wir hinauswachsen. Aber über Christus? Seine Worte, sind sie wirklich überholt: „Liebt eure Feinde! Vergebt! Gesegnet die Friedensstifter!"?

Niemand kann sozusagen objektiv, aus der Distanz gegenüber Jesus, antworten, sondern immer nur so, dass er deutlich macht, wie er für ihn ist oder wie er ihn ablehnt, und warum.

Dabei wird sich in den Antworten unterschiedlicher Jahre unseres Lebens herausstellen, dass wir nicht mit ihm fertig werden. Warum sollten wir das auch? Er, auf den wir sehen sollen als auf den Anfänger und Vollender unseres Glaubens (Hebräer 12, 2), ist es ja, der uns vorangeht im Leben und Glauben, begleitend und führend.

In manchen alten Liedern und Gesängen wird Jesus hoch gepriesen: „O erbarmungsreichster Herr Jesus, o Jesus, Heil aller, o Jesus, holde Vergebung" – und wie es da manchmal heißt. Das ist für uns heute nicht mehr so einfach nachzuvollziehen. Die alten Worte klingen nicht mehr, und sie haben für manchen oft mehr Schwellen aufgebaut als Zugang geschaffen. Darum müssen wir uns selber Gedanken machen, wie wir heute von ihm reden und wie wir Antwort geben auf die Frage: Wer ist Jesus für uns?

Zum Beispiel ist Jesus der, in dem Mensch und Gott zusammentreffen, sodass hier ganz klar herauskommt, wer Gott ist und wer der Mensch ist.

Ermunterung

Oder: Jesus, die Mitte, um die wir mit unseren Fragen und Sorgen schwingen.

Vielleicht ist er auch der, in dem wir erkennen, wie Gott den Menschen gemeint hat, als das Versprechen Gottes, wie es einmal mit uns allen werden wird.

Und dann: Er ist das Gewissen unserer Welt, der, der uns unruhig macht. Der uns an etwas erinnert, das wir gerne vergessen hätten, und der das um unseretwillen tut und nicht um uns ein schlechtes Gewissen zu machen.

Und er ist der Zugang zu Menschen. Viele Zugänge haben wir heute verschlossen, und wir wissen manchmal nicht warum. Aber er stellt sich zwischen die, die einander feind sind, die sich gegenseitig nur bitter anschauen oder einander nicht mehr über den Weg trauen. Er stellt sich auch zwischen die, die das Glück der Gemeinschaft suchen – als den Zugang zum anderen Menschen.

Jesus ist ein Weg, der von allen Positionen weg dorthin führt, wo man sich nicht mehr vom anderen unterscheidet, sondern wo man mit ihm in dem verbunden ist, was man gemeinsam hat. So ist er der Weg über den Hass, über die Vergeltung, über das Freund-Feind-Schema hinaus, die Gestalt gelebten Glaubens unter uns, in der stimmt und auch getan wird, was einer sagt.

Und nicht vergessen sollten wir auch: Jesus ist das Merkmal der Geduld Gottes in unserer Welt,

Ermunterung

denn das meiste an Gottes Weltregierung ist doch seine Geduld. Sie ist kein Prinzip, sondern da ist ein Geduldiger und Gütiger. Er hat in Christus gleichsam Gegenwartsgestalt, sodass wir merken: Wir haben es nicht mit einer Idee zu tun, sondern mit jemandem, der dafür steht, dass Geduld Lebenspraxis wird.

Alles in allem: Seit Jesus unter uns gewesen ist, stimmt so ein Satz wie der von Rilke nicht mehr: „Der Weg zu Gott ist furchtbar weit, und weil ihn lange keiner ging – verweht." Er ist diesen Weg gegangen, und ich denke manchmal, wenn er heute unter uns wäre, hier, er würde neue Bilder für sich wählen, damit wir ihn noch besser erkennen. Wir kennen die Bilder: „Ich bin der Weg, ich bin die Wahrheit, ich bin das Brot" (Johannes 6, 35 und 14, 6). Und wir wissen, was er uns darin mitteilt: sich selbst als Zukunft, als Möglichkeit, unterwegs zu sein, als Gewissheit auf diesem Weg und als das, wovon wir leben können.

Und wie würde er heute von sich sagen? Vielleicht: Ich bin die Brücke. Und jeder weiß genau, zu wem er besonders einen Brückenschlag braucht, und auch, wo er selber verankert sein muss, damit er auf diese Brücke treten kann.

Vielleicht würde Jesus auch sagen: Ich bin das Haus. Und wir denken an die Häuser, in denen wir wohnen, denken aber auch an die Häuser in Hinterhöfen, in denen es so viele Verstörte gibt und oft alles nach Gefängnis ausschaut. Und doch will er Fenster und Türen öffnen zu den Höfen der Hoffnung.

Und vielleicht würde er sagen: Ich bin die Freiheit. Und er würde sie beschreiben, wie er sie gelebt hat, und damit anders, als wir sie oft uferlos und grenzenlos in Anspruch nehmen.

Und vielleicht würde er auch sagen: Ich bin die Krise. Und wir, die wir Angst haben vor jeder Krise, würden lernen zu entziffern, mit wem wir es eigentlich darin zu tun haben.

Und vielleicht würde Jesus sagen: Ich bin die Zukunft. Ja, da wüssten wir, wo es hingeht. Gedanken sind unterwegs, Hoffnungen. Hände strecken sich aus, wir werden erwartet.

Augen sehen uns an, die wir nicht sehen. Barmherzige Augen, die über uns wachen. Nicht, um uns von allen Seiten zu beäugen, sodass uns unwohl wird dabei, sondern angesehen sind wir in diesem letzten umfassenden Sinn.

Wir können gleichgültig sein, uns wehren oder ihm Vorwürfe machen. Aber wir können ihn nicht hindern, dass er uns lieb hat. Wie sollten wir das auch, da er über unserem Leben doch aufgehen will wie ein Licht, in dem es Wärme gibt und in dem die Freude aufstrahlt, die von Angst nicht mehr ausgelöscht werden kann.

Ermunterung

Freiheit wovon – Freiheit wozu?

„Es gibt kaum ein Wort heutzutage, mit dem mehr Missbrauch getrieben wird als mit dem Wort ‚frei'. Ich traue dem Wort nicht, aus dem Grunde, weil keiner die Freiheit für alle will. Jeder wählt sie für sich, aber nur so, dass die anderen ihm zu gehorchen und zu folgen haben."

So hat sich vor über 100 Jahren Bismarck geäußert. An dieser Einsicht hat sich wenig geändert. Es herrscht ein Verständnis von Freiheit vor, das nichts anderes als ein Deckmantel für Willkür ist. Man meint: Freiheit heißt: Alles ist mir erlaubt. Und wehe, es hindert mich einer daran, meine Persönlichkeit zu entfalten!

Bei allem Respekt vor dem Freiheitsdrang zeigt die Wirklichkeit immer wieder, dass einer an seiner Freiheit scheitern kann. Denn Freiheit erkämpfen, erstreiten – manchmal im großen Rahmen, manchmal auch im kleinen privaten Raum gegenüber Eltern, Lehrern und Erziehern – das ist das eine. Und gewonnene Freiheit zu gestalten ist ein anderes. Es sind darum nicht wenige, bei denen das triumphierende Gefühl „Ich bin meine Freiheit" (Sartre) umschlägt in die bittere Erkenntnis: „Wir sind zur Freiheit verdammt". Wie viel Sehnsucht gibt es dann nach Ordnungen, gegen die man sich auflehnte, die aber Geborgenheit gaben!

Ermunterung

Als Israel, von der Knechtschaft befreit, die Wüste durchquerte, begann es, sich nach den Fleischtöpfen Ägyptens zurückzusehnen. Immer wieder geschieht es, dass der Mensch seinen Spielraum der Freiheit als zu weit bemessen findet. „Höre, Herr", so sagt eine Romanfigur Dostojewskis (und sie spricht damit eine höchst aktuelle Erkenntnis aus): „Ein schwacher Mensch kann sich allein nicht halten! Gib ihm alles, was du willst – er wird dir freiwillig alles zurückgeben, und wenn du ihm auch das halbe Erdreich schenkst und sagst: Nimm und herrsche! Was meinst du, was er tut? In den Stiefel kriecht er und versteckt sich, so klein macht er sich. Und so ist es auch mit dem freien Willen: Gibst du ihn ihm, dem schwachen Menschen, so wird er ihn selbst binden und ihn dir zurückgeben. Dummen Herzen nützt Freiheit nichts, denn sie wissen nichts damit anzufangen!"

Nein, dummen Herzen nützt sie nichts, feigen und bequemen Herzen auch nichts. Von ihnen allen gilt der Satz: Unter Sklaven ist die Rede von der Freiheit Tagesgespräch. Was ist jenen Vorstellungen von Freiheit eigentlich gemeinsam? Dass sie im Grunde nichts kostet. Wie aber sieht die Freiheit aus, die uns in dem Wort aus dem Johannesevangelium angeboten wird: „So euch der Sohn frei macht, so seid ihr recht frei" (Johannes 8, 36)? Man diskutiert darüber, spricht von der herrlichen

Ermunterung

Freiheit der Kinder Gottes und vergisst, dass diese Wahrheit – wie alle Wahrheit – konkret ist. So konkret, wie Jesus Christus Mensch war und uns mit der Hingabe seines Lebens Freiheit erkauft hat. Denn überall dort, wo Menschen gebunden oder versklavt sind, muss ein Preis bezahlt werden. Jesus hat ihn bezahlt. Das brachte uns nicht nur eine Freiheit in Gedanken und Gefühlen, sondern eine Befreiung von realen Mächten. Denn die Freiheit, von der wir wissen, ist an Christus gebunden. Sie ist keine Freiheit an sich. Muss das nicht Konsequenzen haben? Ich werde dann nicht mehr von meiner Freiheit reden können als ein Mensch, der nur Wert darauf legt, feststellen zu wollen, wovon er frei ist, sondern als jemand, der weiß, wozu er diese Freiheit empfangen hat: frei von der Sorge – frei für Gelassenheit – frei von gesellschaftlichen Wertmaßstäben – frei für originelles Handeln; frei von Hochmut – frei zur Demut; frei von Resignation – frei für die Hoffnung; frei vom Ehrgeiz – frei für Humor; frei von der Angst – frei für Vertrauen.

Der englische Schriftsteller Chesterton erzählte einmal ein Gleichnis: In Urzeiten spielten die Kinder im Paradiesgarten des Vaters aller Menschen, geborgen und zufrieden. Keines von ihnen fühlte sich eingeengt oder gefangen durch die hohe Mauer, die ihr Jugendglück umgab, bis ein heranwachsender Spielgefährte auf die Mauer aufmerksam wurde – und eben dies erspürte: „Man traut uns nicht!", rief er den anderen zu. „Man behandelt uns wie Unmündige! Auf, lasst uns die Mauer abreißen!" Die Kinder folgten ihm nach kurzem Zögern. Doch als sie die Mauer niedergelegt hatten, entdeckten sie, dass ringsherum und unmittelbar an ihrem Fuß die Klippen steil ins Meer abfielen. Die Mauer, die sie umfangen hatte, war der Schutz vor dem Tod in der See. Seitdem aber – erzählt die Geschichte weiter – drängeln sich die Kinder ängstlich in der Mitte der Insel zusammen. Keines wagt mehr die alten freien Spiele; ihr scheinbare Befreiung wurde zur Last.

Ein Gleichnis, eine Schlüsselgeschichte zu der Entwicklung des Menschen. Vielleicht hat der Dichter manchem aus der Seele gesprochen. Die Sehnsucht nach einer Zeit, in der das Verhältnis von Ordnung und Freiheit harmonisch gelöst war, ist verbreiteter als man meint. Aber kein Weg führt dorthin zurück. Was bleibt? Was bleibt dem Menschen, der sich so emanzipiert hat? Chesterton meint: die Angst. Die Freiheit also eine Last, die man am liebsten abschütteln möchte, ein Luxus, den sich nicht jedermann gestatten kann? Offenbar ist es so. Denn wie viele unter uns versuchen nun doch, so etwas wie ein Inseldasein zu leben, von einer Mauer umgeben. Sie machen sich Gesetze, die, Mauern gleich, das Leben einzäunen, und geben sich Ordnungen, die eine gewisse Sicherheit garantieren. Man weiß, was man tun und was man lassen muss.

Aber ist damit tatsächlich das Problem erledigt? Ist damit die Angst vor der Freiheit überwunden? Wie sollte man sie sonst überwinden? Das Gleichnis erzählt von Kindern, die kindlich reagierten. Müsste man dann als Erwachsener nicht ganz anders reagieren? Als ein mündiger Mensch, der seine Freiheit wohl zu leben weiß. An diesen mündigen Menschen appelliert der Apostel Paulus: „Haltet aus in der Freiheit, die Christus euch verschafft hat" (Galater 5, 1).

Aber nun möchte man oft fragen: Liegt den Christen denn an dieser Freiheit? Wie viele sind es, die den freien Raum auf eigene Faust eingrenzen durch Gesetze, Ordnungen, Traditionen, „Was man als Christ tut oder nicht tut"! Wie viele bleiben hängen an der Fragestellung: „Was darf ich? Was darf ich nicht?" Unmündige, die ihre Entscheidungen bei anderen ablesen, aber nichts tun aus eigener Verantwortung vor Gott.

„Haltet aus in der Freiheit, die Christus euch verschafft hat!" Das ist kein Schema. Da werden keine Schablonen verteilt, sondern da wird zu originellem Glauben ermuntert. Originell wird dieser Glaube aber nur sein, wenn wir von der Freiheit, die Christus bewirkt hat, Gebrauch machen. Sie wächst nur durch Gebrauch, und sie schwindet dahin, wenn man sie nicht nutzt. Sie verwirklicht sich

Ermunterung

nur dort, wo immer wieder etwas gewagt wird. Fällt es uns deshalb so schwer, in dieser Freiheit unseren Glauben zu leben? Jedenfalls ist es nichts mit einer ummauerten Insel. Wenn überhaupt ein Bild dieses Neue auszudrücken vermag, dann das Bild vom Schiff, das unterwegs ist: „Tritt aus ängstlichem Zögern heraus in den Sturm des Geschehens. Nur von Gottes Gebot und deinem Glauben getragen", sagte Dietrich Bonhoeffer.

Der Mensch, der „erste Freigelassene der Schöpfung", hat in den Jahren seiner Entwicklung immer höher von sich denken gelernt und dabei allerlei großzügige Selbstaussagen formuliert. Aber inzwischen haben uns manche Wissenschaftler anderes gelehrt.

Kopernikus hat uns gezeigt, dass wir nicht der Mittelpunkt der Welt sind. Freud, der große Psychoanalytiker, hat uns unser Innenleben aufgedeckt und nachgewiesen, dass unser Ich gar nicht Herr im Hause unseres Lebens ist. Allerlei Kräfte und unbewusste Schichten sind mit im Spiel, sodass wir heute sehr unterschiedlich über uns denken und urteilen. Aber darum gerade können wir besser verstehen, was eine alte Geschichte über uns erzählt. Sie berichtet von einem Einsiedler. Der klagte oft, dass er so viel zu tun habe. Darüber wunderten sich die Leute und sie fragten ihn, was denn das eigentlich sei. Und er: „Ich habe zwei Falken zu zähmen, zwei Sperber abzurichten, zwei

Ermunterung

Hasen aufzuhalten, eine Schlange zu behüten, einen Esel zu beladen, Pferde zu satteln und einen Löwen zu bändigen." – „Nun ja", sagten die Leute, „das ist allerdings viel; da ist die Zeit ausgefüllt. Aber wo ist denn die ganze Menagerie? Wo sind die Tiere, von denen du da redest. Wir sehen doch nichts davon." Da erzählte der Einsiedler auf eine Weise von diesen Tieren, dass sie ihn alle verstanden. Denn solche hatten sie zu Hause auch. Übrigens: wir auch.

Die zwei Falken, das sind unsere Augen, die sich auf alles stürzen, und wie schwierig ist es oft, sie zu zähmen.

Und die Sperber? Diese Greif-Vögel? Das sind unsere Hände, die zupacken. Und was sie einmal haben, das lassen sie nicht wieder los. Manchmal geraten sie auch außer Kontrolle. Dabei könnten sie etwas anderes. Streicheln, lindern, helfen, loslassen.

Und die zwei Hasen, die wir aufzuhalten haben? Manchmal schwierig genug: unsere Füße, die mit uns auf und davon gehen; dahin und dorthin, Haken schlagend, uns unstet machen.

Wie schwer aber ist erst die Schlange zu zähmen da hinter dem Gehege unserer Zähne: die Zunge. Es hat einer einmal gesagt: „32 Zähne sind machtlos gegen eine Zunge!" Nicht umsonst spricht man so manches Mal von „Doppelzüngigkeit". Aber diese Zunge kann auch trösten, Gutes sagen.

Ermunterung

Und dann ist ein Esel zu beladen: unser Körper. Wie oft gleicht er einem solchen Tier. Überlastet wehrt er sich, schlägt aus, macht nicht mehr mit, ist „störrisch wie ein Esel". Und dabei brauchen wir ihn. Schließlich gilt es noch, einen Löwen zu bändigen. Vom Löwen sagt man, er sei der König der Tiere – so wie das Herz die Zentrale der Macht ist, Sitz für großen Mut oder auch Keim des Hasses und der Rache. „Das Herz – ein trotzig und verzagt Ding" (Jeremia 17, 9). Aber es kann auch großherzig sein.

Ein Missionar hat einmal vier Gläser mit Wasser vor seine Zuhörer hingestellt, klares, schönes, reines Wasser. Und dann fragte er: „Was ist eigentlich der Mensch? Ich will euch das erzählen", meinte er.

Er nahm eine Nachbildung eines Menschen aus Silber und hielt diese Figur in das erste Glas Wasser hinein. Er hat sie darin herumgeschwenkt: Es passierte nichts; sie änderte sich nicht, das Wasser änderte sich nicht; es blieb alles, wie es war.

Und dann das zweite: Da hatte er einen Menschen aus Bambus gebildet und den hielt er nun in das zwei Glas Wasser. Und ganz erstaunlich: Das Wasser wurde weniger, weil sich diese Figur aus Bambus voll sog: Also ein Mensch, der von außen her alles aufnimmt für sich und nur für sich, und der auf Kosten anderer lebt mit dem, was um ihn herum ist.

Ermunterung

Danach hat er als drittes eine menschliche Figur aus Dreck, aus Lehm, gebildet und hielt sie in das Glas Wasser. Das Wasser wurde schmutzig und die Figur löste sich langsam auf: der Mensch, von dem Schmutz ausgeht, der alles um sich herum verdreckt, alles Klare und Helle und Durchsichtige kaputtmacht.

Zuletzt nahm er eine Menschenfigur aus Zucker und die hielt er hinein in das vierte Glas Wasser. Und siehe da, im Wasser wurde diese Figur immer weniger. Aber das Wasser blieb sauber, ja es wurde süß, die Bienen kamen und nährten sich davon: der Mensch also auch als einer, der sich hergeben kann, der nicht die anderen missbraucht, sondern der ihnen etwas bringt, selbst auf die Gefahr hin, dass er durch diese Hingabe selbst weniger wird.

Vier Beispiele. Gewiss kann man nicht sagen, dass wir immer der eine oder der andere seien. Und doch, wären wir nicht gern derjenige, von dem etwas ausgeht, der ansteckend wirkt, der um sich herum Klarheit schafft und Durchsichtigkeit ermöglich? Von dem also etwas ausgeht, so wie Jesus einmal gesagt hat: „Wer an mich glaubt (wer mich annimmt als das Maß für den Menschen), von dessen Leib werden Ströme lebendigen Wassers fließen" (Johannes 7, 38).

Ermunterung

Nicht für sich bleiben

„Bewegung ist wichtig! Bewegen Sie sich, wo immer Sie nur können! Die Gelenke werden sonst steif. Bewegung ist mit das Wichtigste beim Älterwerden."

So hatte der Arzt zu ihr gesagt und sie hat das gut in sich aufgenommen. Sie sah ein, dass es nicht so weitergehen konnte: im Sessel sitzen, die paar Schritte zur Küche, ab und zu mal einkaufen, bei der Nachbarin sitzen und einen kleinen Schwatz halten – nein, so konnte das nicht weitergehen. Und so fing sie an, ihren Bewegungsspielraum zu erweitern. Ein paar kleine Übungen am Morgen fielen ihr anfangs noch schwer. Ganz behutsam kamen der Reihe nach ein paar Armbewegungen, Fingerübungen und einige Kniebeugen dran. Leicht war es nicht immer. Denn es gehört schon ein gewisses Maß an Disziplin dazu, sich morgens diesen Übungen zu stellen.

Als sie eines Tages der Nachbarin davon erzählte, fast ein wenig verschämt, war diese Feuer und Flamme und sagte: „Warum machen wir das nicht zusammen? Da kann eine der anderen helfen und eine auf die andere auch ein wenig Acht haben, damit es keine Überanstrengungen gibt."

Seitdem haben sie vieles zu zweit unternommen. Ein paar Spaziergänge am Nachmittag, die

Ermunterung

sich von Woche zu Woche räumlich und zeitlich erweiterten, und – wie gesagt – die gemeinsamen Übungen am Morgen. Allein schon das Gefühl, sich morgens einer solchen Aufgabe unterzogen zu haben, stärkte sie.

Aber es blieb ja dann nicht nur bei den Bewegungen, die dem Körper, den Gelenken, gut taten, es gab auch so etwas wie eine Bewegung des Geistes. Als würde die viele frische Luft, in der sie sich jetzt aufhielten, dafür sorgen, dass so manches durchgelüftet wurde. Und auch da war es gut, dass sie zu zweit waren, miteinander reden konnten und nicht nur Selbstgespräche führen mussten. In früheren Jahren hatte sie sich vor dem Winter immer gefürchtet. Die Angst, zu stürzen, die Vorstellung, sich auf schnee- oder eisglattem Bürgersteig etwas zu brechen, genügte ihr schon, um sie fest an das Haus zu binden. Sie tat nur die allernötigsten Gänge und auch die mit mancherlei Ängsten.

Aber nach diesem Sommer mit so viel Bewegung schaute sie dem kommenden Winter fast kühn ins Gesicht. So, als wolle sie ihm seit Jahren zum ersten Mal wieder richtig widerstehen. Dieses Gefühl stärkte ihren Lebensmut. Und es blieb nicht nur bei dem Gefühl. Es war dann auch so. Sie war viel sicherer geworden als in früheren Jahren. Schnee und Eis machten ihr bei weitem nicht mehr so viel aus. Als eines Tages die Nachbarin, ein paar Jahre jünger, sagte: „Wollen wir nicht mal eine

Ermunterung

Busfahrt in den Schwarzwald miteinander machen?", stimmte sie zu. Es war in diesem Winter nicht arg viel Schnee in den Bergen. Warum also nicht einmal eine größere Tour?! Zuerst freilich hatte sie noch abgewinkt, ein wenig lächelnd: „Na, ich weiß nicht, wenn's dem Esel zu wohl ist, geht er aufs Eis", aber es lockte sie schon. Und die Freundin war ja dabei. Also fuhren sie eines Morgens los.

Es wurde später dann doch etwas beschwerlicher, als sie es sich vorgestellt hatte, und manchmal kam eine kleine Unsicherheit über sie, ob sie sich nicht doch zu viel zugemutet habe. Besonders, als noch eine breite Schneefläche zu überqueren war, tat sie sich ziemlich schwer. Ein Glück, dass sie ihren Stock dabei hatte. So konnte sie sich wenigstens etwas abstützen.

Aber eins erkannte sie mit Schrecken: Du hast die falschen Schuhe an. Halbschuhe, und das im Schnee und am Berg. Wenn das der Doktor sähe! Und sie nahm sich vor, wenn sie das gut überstehen würde, sich ein Paar Schuhe zu kaufen, die ihr für solche winterlichen Ausflüge mehr Stabilität in den Gelenken geben würden.

Mit kleinen Schritten kam sie voran, die Freundin hinter ihr schaute aufmerksam, dass sie keinen Fehltritt tat, und sie kamen beide wieder glücklich und dankbar am Bus zur Rückfahrt an. Das war schon ein großes Erlebnis für sie, und am nächsten

Tag musste sie ein wenig kürzer treten, um alles zu verarbeiten. Aber am Abend vergaß sie nicht, in ihrem Gebet zu sagen:

„Lieber Gott, ich danke dir,
dass du mir Füße gegeben hast, zu laufen,
Hände, mich abzustützen,
Augen, den Weg zu sehen,
und Ohren, auf die Stimmen zu hören,
die mir helfen wollen.
Ich danke dir,
dass du mich bis hierher gebracht hast –
auch heute an diesem beschwerlichen
und strapaziösen Tag.
Und ich danke dir für die Freundin von nebenan,
die du mir zur rechten Zeit
über den Weg geführt hast."

Ermunterung

Das Haus unseres Lebens hat viele Wohnungen

Der Mensch, das Leben, das jeder hat, ist wie ein Haus. Man kann sich ganz gut vorstellen, wie dieses Haus ausschaut, denn jeder hat an seinem Lebenshaus gebaut. Da gibt es den Keller, in dem man die Dinge verwahrt, die nicht gerade in die Öffentlichkeit gehören. Nicht umsonst sagen die Psychologen, dass beim Menschen im Keller die Wölfe ab und zu zu heulen pflegen. Und wir verschließen die Ohren gegenüber dem, was da aus der Tiefe zu uns dringt. Und dann gibt es die *belle etage*, wo man gern zu Hause ist, wo es aus allen Fenstern blitzt und schimmert. Da gibt es das Dachgeschoss, wo man vieles abstellt, von dem man sagt: Das brauch ich nicht mehr, das hat ausgedient. Und das ganze Haus ist zusammengebaut und zusammengebastelt aus vielem, was uns in unserem Leben viel bedeutet. Zimmer, an deren Türen steht: Karriere. An anderen steht: Erziehung. An anderen steht: Nicht aufschließen, zulassen. Vielleicht ein Datum dahinter, wann sie geöffnet werden sollen. Also das Leben ein Haus. Der Mensch ein solches Lebenshaus.

Und nun gibt es ein biblisches Wort, das genau dieses Bild aufgreift: „Lasst das Wort Christi reichlich in euch wohnen" (Kolosser 3, 16). Wie ist es also mit diesem Wort Christi in unserem Lebenshaus? Wohnt es da tatsächlich oder ist es mehr ein Gast? Oder noch besser: vergleichbar einem Notar, den man für eine bestimmte Aufgabe braucht und der dann wieder geht?

Gott schütze Sie

Vielleicht ist das manchmal nur eine Formel, so etwas wie ein erhebender Gruß, oder manchmal der Schluss eines Telefonats, in dem man das Gespräch abschließt mit dem kleinen Satz: „Gott behüte Sie." Mancher mag sich nichts dabei denken, weder der, der es sagt, noch der, der es aufnimmt. Mancher denkt sich sehr viel dabei, weil es ihm bei diesem kleinen Satz darum geht, um den Angesprochenen herum so etwas wie einen Schutzraum durch die Geborgenheit Gottes zu erbitten.

Vor kurzem las ich davon, dass der Kabarettist Hanns Dieter Hüsch das Publikum einer seiner Veranstaltungen mit den Worten verabschiedete: „Gott schütze Sie." Später haben ihn einige Journalisten gefragt: „Was ist das für ein Gott, auf den Sie sich da berufen?" Und Hanna Dieter Hüsch hat geantwortet: „Gott bedeutet für mich Liebe, Wärme, Geborgenheit und die Tugenden, die ich schon erwähnte. Ich habe auf dem letzten Kirchentag gesagt: ‚Gott ist meinungslos. Stellt die Meinungen ein, dass die Liebe gedeiht! Seid großzügig bis zur Meinungslosigkeit!' Nun kann man natürlich sagen: ‚Was will der eigentlich? Jetzt soll keiner mehr eine eigene Meinung haben! Was soll das? Früher waren wir stolz darauf, eine eigene Meinung zu haben.'

Ermunterung

Ich will damit sagen, dass es wichtig ist, mit den Meinungen leichter umzugehen. Macht nicht aus jeder Meinung gleich eine Religion. Gott ist meinungslos. Ich habe ein Bild vor Augen: Wenn Gott die Arme ausbreitet, dann sind dagegen all unsere Meinungen, Pläne, Ansichten ganz winzige kleine Scherze. Aus dieser Haltung heraus muss etwas entstehen, die Freundschaft und die Liebe und das Miteinander und das Friedfertige und das soziale, gemeinschaftliche Umgehen. ‚Gott schütze Sie' ist für mich natürlich auch eine Wunschformulierung. Ich wünsche Ihnen von ganzem Herzen, dass Sie geschützt sind, dass Sie jemanden haben, der Sie tröstet. Dass Sie Menschen haben, mit denen Sie sich zusammen freuen können."

Wer einem anderen Menschen zuspricht: „Gott behüte Sie" oder „Gott schütze dich" und es mit so viel inhaltlichen Gedanken und aufrichtigem Wünschen tut, von dem geht etwas aus, das einem anderen wohl tut. Vielleicht sollten wir manches Mal uns wieder ganz neu solche Wünsche zusprechen und mit solchen Grüßen unsere Gespräche schließen.

Der allmächtige Gott sei über Ihnen.
Er sei vor Ihnen
und hinter Ihnen,
und er sei in Ihnen mit seiner Kraft,
seinem Heil und seiner Liebe.

Unsere Hände – geballt oder gelöst?

In einer alten jüdischen Schriftauslegung heißt es: „Wenn der Mensch geboren wird, hat er die Hände zusammengeballt, so, als wollte er sagen: Ich erobere die Welt. Wenn er stirbt, sind seine Hände ausgestreckt, als wollten sie sagen: Ich habe nichts zurückbehalten, alles gehört dir, o Gott!"

Ist es nicht so, dass sich zwischen diesen beiden beschriebenen Ausdrucksweisen unser Leben abspielt: zupacken, erobern – und loslassen? Dabei geht es ja nicht nur um den Anfang und das Ende. Es ist fast so etwas wie die Beschreibung unseres Lebens. Natürlich, die Akzente sind verschieden. Wer so einen kleinen Kerl herumkrabbeln hat, der weiß, wie nichts vor ihm sicher ist. Da wird erobert, noch und noch; Schubladen werden herausgezogen, Tischdecken werden in Bewegung gesetzt, Spielautos auseinandergenommen – alles wird erforscht. Und schlimm für das Kind, wenn wir hier anfangen, zu früh Grenzen zu ziehen.

Denn das gehört doch zu uns: Welt in der Nähe und in der Ferne zu erobern, auch in den Jahren der Ausbildung, in Beruf und Familie. Immer wieder sind wir dabei, uns Kenntnisse, Fähigkeiten anzueignen, damit wir das Leben gestalten kön-

Ermunterung

nen. Wenn diese Kraft, die uns in Bewegung hält, verkümmert, ist mit uns auch nicht mehr viel los. Das Leben wird langweilig, grau und müde.

Aber nicht nur das Zupacken will ja gelernt sein, das Ergreifen, das Anfassen und Betasten. Auch das andere: das Loslassen. Auch das fängt ja im Grunde früh an. Das Kind, das laufen lernen will und bisher an der Hand der Mutter geübt hat, muss loslassen, damit es auf eigenen Füßen vorankommt. Und die Mutter? Auch sie muss loslassen, wenn sie das Kind liebt. Auch wenn sie noch so oft sozusagen mit der Hand nachfassen möchte, weil sie nicht sicher ist, ob es wirklich auf eigenen Füßen gehen kann. Bleibt es nicht so im Leben?

Wie oft möchten wir Eltern schnell noch einmal zupacken, mitten im Ablösungsprozess unserer jungen Leute, bei beruflichen Entscheidungen, bei der Wahl des Freundes oder der Freundin. Dabei sollten wir uns doch langsam darauf einstellen, dass wir nun selbst in die Jahre kommen, an deren Ende unsere Hände offen und gelöst sein sollen. Die eine Generation nimmt Lebensmöglichkeiten in die Hand, die andere ist dabei, sie aus der Hand zu geben. Weil das oft schwer fällt, muss man früh üben, die Hände zu öffnen, und nicht erst darauf warten, bis einem alles aus der Hand geschlagen wird.

Paul Tournier hat einmal an den Trapezkünstler unter der Zirkuskuppel erinnert: Er muss im richtigen Moment loslassen, wird einen Augenblick im Leeren schweben, bevor er das andere Trapez erreicht. Dort, wo einer im Leeren schwebt, ist das Leben oft am schwersten. Doch es ist uns gesagt: Du kannst loslassen, denn du wirst wieder aufgefangen. Wir sollen vertrauen, immer wieder loslassen, denn wir finden wieder, was uns auffängt. Das Geheimnis dieses Vertrauens steht im Psalm 73, 23: „Ich bleibe ja stets an dir, denn du hältst mich an meiner rechten Hand."

Eine Einladung

Ich möchte Ihnen eine Einladung weitergeben, von der niemand unter Ihnen ausgeschlossen sein soll. Es geht um die Einladung zum Abendmahl. Und ich möchte Ihnen gern Mut machen, dort hinzugehen.

Ich weiß nicht, wie viel Ihnen von den Einladungsworten Jesu gegenwärtig ist. Aber es braucht nur wenige, im Grunde nur zwei, die man behalten soll: „Für euch." – „Mein Leib, für euch gegeben; mein Blut, für euch vergossen" (Markus 14, 22-25). Mag es auch sonst noch genug Fragen geben, die Sie haben. Aber mit diesen beiden Wörtlein „für euch" ist eine Tür aufgestoßen. Denn im Abendmahl will sich Christus jedem ganz persönlich zuwenden. Er sagt: Jetzt ist alles wieder gut. Nichts trennt uns mehr, denn für deine ganze Schuld komme ich mit meinem Tod auf. Und mein ewiges Leben gehört jetzt dir, genauso sicher, wie der Bissen Brot und der Schluck Wein, die du bekommst, dir gehören.

Mancher mag meinen, er müsse hier etwas mitbringen, wie das eben bei Einladungen so üblich ist. Und da macht mancher unter uns sich seine Gedanken. Aber so ist es nicht, das ist nicht eine Sache von irgendwelchen Bedingungen. Sie müssen nicht ein besonderes Gefühl, einen Kopf, der

Ermunterung

verstanden hat, was das Abendmahl bedeutet, eine große Sehnsucht nach Gott mitbringen. Es kann sein, dass Sie das alles empfangen dort an seinem Tisch, aber mitbringen müssen Sie das nicht. Denn Christus lädt uns ja nicht ein, weil er etwas von uns haben will, sondern weil er viel besser weiß, als wir es je wissen können, dass wir ihn brauchen. Er sagt einfach: Komm, ich warte auf dich. Und dann kann man losgehen, zögernd vielleicht, auf dem Sprung, wieder umzukehren, aber eben nun doch unterwegs.

Es geht um das Geheimnis, dass der große Gott sich in unsere Hände gibt. So, als wolle er sagen: Du kannst mich annehmen – oder ablehnen. Aber wer wollte denn ablehnen, wo es um ein versöhntes Leben geht?

Da soll uns kein Zweifel hindern, am Tisch Gottes Platz zu nehmen. Denn das Abendmahl ist ja nicht so etwas wie die Krönung christlichen Lebenswandels. Es ist das Gnadenbrot für Verstörte, für Ausgelaugte, Resignierte, für Menschen voller Skrupel. Es ist wirklich kein Trauermahl für Hinterbliebene. Sondern ein fröhliches Zusammenkommen. Weil das, was hier in dieser Einladung uns gegeben wird, hineinreicht in den Alltag. Denn Ohren, die gehört haben „für euch", werden doch Stimmen des Unfriedens nicht mehr so ohne weiteres einlassen. Augen, die in Brot und Wein die Liebe Christi haben widerspiegeln sehen, verschließen sich nicht mehr vor der Welt. Ein Mund, der die Freundlichkeit Gottes geschmeckt hat, ist aufs Neue der Wahrheit verbunden. Und Füße, die in dieser Gemeinschaft gestanden haben, können nicht mehr dort stehen, wo man dabei ist, Fronten des Hasses aufzurichten.

Sicher, jene zwei Worte „für euch" lassen uns verstummen. Denn es kommt nicht auf das an, was wir für Christus getan haben, sondern was er für uns tut. Für die Ängstlichen, für die Scheuen, die Zögernden, aber auch für die mit dem sicheren Auftreten und dem exklusiven christlichen Bewusstsein. Uns allen wird gesagt: „für euch" zur Vergebung eurer Sünden. Und wer will da noch aufrechnen, wer will da jetzt noch vergleichen?

Was uns bleibt, ist vielleicht die Bitte: Lieber Herr, mach mich frei von aller Angst und Unruhe. Du bist da und siehst mich freundlich an. Ich danke dir dafür. Und du lädst mich ein, zu dir zu kommen. Dass du mich haben willst, darüber kann ich nicht genug staunen. Du weißt, was mich quält. Ich danke dir, dass du mir vergibst.

Und er sagt: „Wer zu mir kommt, den werde ich nicht hinausstoßen" (Johannes 6, 37).

Ermunterung

Er trägt dich hoch

„Dies ist der Tag, den der Herr macht. Lasst uns freuen und fröhlich darin sein!" (Psalm 118, 24).

Manchmal muss man ja noch zusätzlich ein wenig gestupft werden, damit man nicht vergisst, um was für einen Tag es sich handelt. Aber wenn wir nicht so gestimmt sind? Wenn lauter Moll-Töne unser Leben durchziehen und Dissonanzen, die alles andere als Freude enthalten?

Da hat es Ärger gegeben – und schon ist die ganze Stimmung dahin. Man hat sich etwas vorgenommen, die Familie spielt nicht mit – und der Tag scheint einzutrüben. Man hat sich so viel vorgenommen – und die Kinder fordern ihr gutes Recht, einmal die Zeit von Vater und Mutter ausführlich in Anspruch nehmen zu können. Das sind lauter kleine, alltägliche Misshelligkeiten, sie sind noch zu verkraften.

Manchen drückt es ganz woanders. Er ist bekümmert, ängstlich, traurig, einsam, ein Mensch, der gerne mit jemandem reden möchte, aber da ist niemand. Ich denke an jemanden, der kürzlich bei einer der großen Entführungen, die in unserem Land in der letzten Zeit passiert sind, lange ganz alleine in einer Kiste zubringen musste. Als er dann, nachdem er befreit worden war, gefragt wurde, was er getan habe, antwortete er: „Ich habe gebetet!" Nun ist Beten freilich so ein Thema geworden, mit dem mancher sich nur noch ganz heimlich beschäftigt. Man möchte nicht so gern damit herausrücken, wie man es damit hält.

So haben sich auch kürzlich ein paar junge Menschen zu einem Gesprächsabend über das Gebet getroffen. Lange Zeit saßen sie ein wenig zurückhaltend und skeptisch da, niemand wollte den Anfang machen. Da hatte einer eine gute Idee. Er ließ alle Teilnehmer ohne Namensangabe auf einen Zettel schreiben, ob sie beten und ob sie das regelmäßig oder nur ab und zu tun. Und dann kam zur großen Überraschung aller heraus, dass 90 Prozent zu beten pflegten. Jetzt dauerte es nicht lange, und man war in einem sehr offenen Gespräch über ein Thema, für das man vorher keinen Anfang fand. Über Schwierigkeiten wurde gesprochen, aber auch über eigene Versuche.

Ich kenne aus meiner Rundfunkarbeit Menschen, die sich weit von der Kirche gelöst haben. Aber unter vier Augen geben sie oft geradezu verschämt zu: „Ich bete auch!" Und ich denke an einen Satz von Jean Cocteau, der äußerte: „Ich glaube, dass eine wohlgeordnete Seele nicht ohne Gebet sein kann! Der SOS-Ruf an das, was ist, ohne Anfang und Ende, scheint mir ein unentbehrlicher Appell und eine Art des Revoltierens gegen die naive Torheit des Materialismus zu sein."

Beten – also doch mehr unter uns lebendig als

Ermunterung

man meint, und für viele andere immer noch und wieder ein Problem. Man entschuldigt seine Unfähigkeit damit, dass es die anderen ja auch nicht können. Und es wird behauptet: So etwas ist vorbei. Das geht in unserer heutigen Welt nicht mehr.

Aber sind tatsächlich alle Menschen, die noch beten, naiv, von gestern, verklemmt, neurotisch, unbrauchbar für die Gegenwart – und was der Äußerungen darüber mehr sind?

Manche Kritiker sind nicht pingelig mit ihren Anmerkungen gegenüber dem Beten. Sie behaupten: Es hindert den Menschen, sich der Wirklichkeit zu stellen. Oder: Es entlässt ihn aus der Verantwortung. Oder: Beten hilft dem Menschen, sich von anderen Menschen und ihren Problemen abzukapseln. Oder: Es verführt zur ständigen Betrachtung des eigenen Ich. Oder: Es erzeugt das Gefühl der Bevorzugung gegenüber anderen nach der Methode, sich selber retten und für andere beten. Vorwürfe genug.

Aber zugleich erfahren viele Menschen die Gebetslosigkeit unserer Zeit auch als einen Ausdruck fundamentaler kosmischer Einsamkeit. Reinhold Schneider hat diese Fragestellung einmal in einem Gebet aufgenommen:

„Lass uns tief unten auf der Erde die Probe unseres Lebens bestehen. Du wohnst in dem Himmel. Dein Wesen ändert sich nicht. Hier unten aber verwandelt sich alles. Geliebte Vermächtnisse vergangener Zeiten werden zerstört über Nacht. Die Freunde werden uns entrissen, und unversehens bricht in das letzte Tals des Friedens grenzenlose Verwirrung herein. Die Mächte der Tiefe erheben sich gegen uns und nehmen fast alle Bezirke des Lebens in Besitz. Trugbilder der Wahrheit, des Rechtes schweifen umher und ziehen uns vom Recht und von der Wahrheit fort. Hass verfälscht das Wesen der Menschen. Keiner erkennt mehr sein Spiegelbild in der Seele des anderen. Und so versteht auch keiner das Wort des Bruders mehr.

Die Erde meint, sich gegen den Himmel erheben und ihre eigene Ordnung schaffen zu können.

So werden die Beziehungen zwischen allen Wesen und Ordnungen verrückt. Es ist keine Kraft mehr da, die sie von oben trägt. Und die Dinge der Erde suchen sie an sich selbst zu befestigen und stürzen immer tiefer. Die Welt ist uns fremd geworden. Aber wir sind deine Kinder in dieser fremden Welt und wollen uns als solche bewähren. Alles steht bei dir."

Wir sind doch Gottes Kinder in dieser fremden Welt! Nur haben wir uns zu sehr ohne ihn eingerichtet und sind darum oft erschrocken über unsere Einsamkeit im All. Dabei sind wir alle eingeladen, mitzutun, wie Jesus uns einlädt zu beten: „Vater unser..." Und das heißt doch mit anderen Worten: „Ich glaube dir, Gott, ich vertraue deiner Liebe. Nichts möchte ich auslassen von dem, was die

Ermunterung

Enge und Weite meines Lebens angeht. Da hat alles Platz. Die Freunde neben mir und die, mit denen ich nicht kann; das Schöne und das Bittere."

Wer so vertrauensvoll betet, der wird das nicht zuerst tun, weil er einem religiösen Anspruch folgt, sondern weil dieses Beten selbstverständlicher Ausdruck seiner Lebensbeziehung zu Gott ist, ob mit einem erfüllten oder auch leeren Herzen. Die Hauptsache ist, dass unser wirkliches Leben in diesem Reden mit ihm vorkommt. So, wie es die Bitten des Vater unsers umschreiben: der Himmel und die Erde, das Brot und die Schuld, die Versuchung und das Böse.

Manchmal denke ich, es müsste so in unserem Beten zugehen, so selbstverständlich, so unbefangen, wie wir das in den Filmen mit Don Camillo und Peppone erleben. Geradezu unablässig, wo er geht und steht, ist Don Camillo im Gespräch mit Gott. Und das macht er so natürlich und ohne Umstände, als ob es das Selbstverständlichste von der Welt wäre. Dieses Reden mit ihm ist gar nicht ein Mittel, um etwas zu erreichen, sondern der Ort einer letzten Freiheit, wo man sogar widersprechen kann. Dieses Reden mit ihm, dieser freie Dialog macht es möglich, vorurteilslos auf eine Stimme zu hören, die nicht die eigene ist. Und der Raum des Gebets, der freieste, den es gibt, bewährt seine Freiheit darin, dass der Beter sich einem Anspruch stellen kann. So beten ist im Grunde eine

Art zu leben, zu warten, sich offen zu halten, ist Ausdruck dafür, dass man nicht besitzt, sondern bittet. Dass man nicht lebt von dem, was man hat, sondern von dem, was noch werden kann, von der Hoffnung, dass es auch anders sein kann, als es jetzt ist.

Ich weiß, dass mancher einwendet: „Wissen Sie, wenn ich bete, dann ist es, als spräche ich in einen leeren Raum." Das kann eine bittere Erfahrung sein. Man möchte beten, und dann ist es, als würden die Worte nur bis zur Decke reichen und wieder schwer auf einen zurückfallen. Manche haben ja darum aufgehört und resigniert. „Ich kann es nicht, leer wie ich bin, ausgebrannt, verarmt."

Geben wir auf, weil wir die Armut, die leeren Hände, die absolute Abhängigkeit nicht ertragen? Warum sollten wir das nicht beim Namen nennen, wie es um uns steht? „Wir wissen nicht, was wir beten sollen", hat der Apostel Paulus einmal im Römerbrief geschrieben, „wie sich's gebührt" (Römer 8, 26)). Ja, so ist das auch. Es kann einem die Sprache verschlagen angesichts dessen, mit dem wir hier reden. Und man erschrickt vor der Frage: Wie komme ich eigentlich dazu, Gott anzureden? Im Grunde genommen ist das doch unmöglich. Wer bin ich denn, und wer ist er? Aber noch einmal: Nennen wir das doch beim Namen, sagen wir: „Tatsächlich, es ist so, wir wissen nicht, was wir beten sollen, wie sich's gebührt."

Ermunterung

Darum kann man bitten: „Lass uns doch wagen, o Gott, schon dann zu dir zu beten, wenn unser Gebet fast nur so etwas wie ein ungeformter Hilferuf ist; wenn wir dich nur bruchstückhaft erkennen und unsere Schuld uns den Mut nimmt, dich anzuschauen." Wer sich dort vorfindet, wird erfahren, dass Gott selbst sich unserer Schwachheit annimmt, uns herauslockt, uns auf einen Weg bringt, wo man ganz unbefangen und offen sagt: „Du, unser Vater!"

Oder, um ein anderes Bild zu wählen – Heinrich Böll hat es einmal verwendet –: „Es ist mit dem Beten, als wenn du vor einem Aufzug stehst und Angst hast aufzuspringen. Du musst immer wieder ansetzen, aber dann auf einmal bist du im Aufzug drin, und er trägt dich hoch..."

Wer trägt uns hoch? Der, der uns einlädt, so zu beten: „Unser Vater im Himmel." Jesus, der uns begleitet auf diesem Weg, auf dieser Reise durch das Leben. Er trägt uns durch und bringt uns bis dorthin, wo es heißt: „...denn dein ist das Reich und die Kraft und die Herrlichkeit, in Ewigkeit, Amen." Also bis dorthin, wo man alles von ihm erwartet, diesem Vater im Himmel. Wie weit wird uns der Himmel aufgetan: „Dein ist das Reich!"

Von einem großen Lehrer wird erzählt, dass er auf dem Sterbebett und in den letzten Tagen seines Lebens immer wieder einen Satz gesagt habe: „Es wird regiert."

Ermunterung

Wir meinen, unter allen möglichen Ansprüchen zugrunde zu gehen und allen möglichen Herrschaften und Zwängen unterworfen zu bleiben – aber: „Dein ist das Reich." Du behältst das letzte Wort, das entscheidende, „angesichts dessen", wie Luther einmal sagt, „uns die Federn wachsen, bis wir fliegen können". So überlegen und so gewiss, so leicht auch.

Und dann: „Dein ist die Kraft." Kraft in der Gestalt von Gewalt und sich durchsetzender Brutalität – das ist uns alle Tage vor Augen. Und was aus den Kräften wird, die in den stillen Laboratorien der Wissenschaft erzeugt werden, macht uns manchmal Angst. Aber nun zu beten: „Dein ist die Kraft", heißt doch: anrufen und lobpreisen, was uns erneuern kann. Und wo einer am Boden liegt und keine Kraft mehr hat – und wie viele werden auch diesen Tag so zubringen müssen –, der wird sich einhängen bei dem Satz, dass seine „Kraft in den Schwachen mächtig ist".

Darum: Dein ist die Kraft. Sie gehört dir, o Gott, und du gibst sie uns doch auf eine Weise, dass wir wieder anfangen können zu hoffen, zu lieben, freundlich zu sein. Und dann: „Dein ist die Herrlichkeit in Ewigkeit." Wenn man dem Wort etwas nachsinnt, dann spricht es von dem Licht, von dem Hellen und Strahlenden, das von Gott auf uns kommt, sodass der Apostel Paulus schreibt: „Wir alle spiegeln mit aufgedecktem Angesicht die

Ermunterung

Herrlichkeit des Herrn wider" (2. Korinther 3, 18). Die Herrlichkeit Gottes geht auf uns über. Sie ist nicht wie die Sonne, die immer wieder untergeht, sondern „Herrlichkeit in Ewigkeit"! Darum sind wir eingeladen mitzusprechen. „Wir sehen seine Herrlichkeit, eine Herrlichkeit, wie sie der einzige Sohn von seinem Vater hat, voll Gnade und Wahrheit" (Johannes 1, 14). In Christus ist der hereingekommen in unsere Welt, mit dem es zu tagen begonnen hat unter den Sternen.

Und dann schließt das Gebet Jesu, zu dem er uns einlädt, mit dem kleinen Wort „Amen". Das ist nicht einfach der Schlusspunkt oder so etwas Ähnliches, sondern da wird Vertrauen bekräftigt: Ja, so ist es. Das gilt! Es ist wahr! Das stimmt!

Es stimmt, du bist unser Vater. Es stimmt, du vergibst Schuld. Es stimmt, du reichst uns das Tägliche zum Leben. Es stimmt, du führst uns nicht in Versuchung. Es stimmt, du erlöst uns von dem Bösen.

„Amen", so sagt der Heidelberger Katechismus, „das ist wahr und gewiss, denn mein Gebet ist viel gewisser von Gott erhört, als ich in meinem Herzen fühle."

Und wie ist das dann mit der Erhörung unserer Gebete? Martin Buber hat dazu in seinen chassidischen Geschichten kommentiert:

„In der Gemeinde Rabbi Levi Jizchaks war ein Vorbeter heiser geworden. Der Rabbi fragte ihn:

Wie kommt es, dass Ihr heiser seid? Das ist, antwortete er, weil ich vor dem Pult gebetet habe. – Ganz recht, sagte der Rabbi, wenn man vor dem Pult betet, wird man heiser, aber wenn man vor dem lebendigen Gott betet, wird man nicht heiser."

Beten vor dem Pult, davon wird man heiser, müde, kraftlos. Beten vor dem Pult – aus Gewohnheit, wo es nur noch eine Pflichtübung ist, bei der zwar die Formeln uns mühelos über die Lippen, aber die Worte nicht mehr aus dem Herzen kommen. Es stimmt zwar: „Formeln sind etwas Köstliches, aber wenn das Herz durch sie gestimmt ist, müssen sie weichen" (Oetinger). Aber nun das andere: Beten vor dem lebendigen Gott. Da wird es ein Nehmen und Geben, ein Hören und Antworten. Eben so, wie das in einer alten Geschichte beispielhaft für die Situation des Menschen vor Gott erzählt wird:

Gott sprach zu Salomo: „Bitte, was ich dir geben soll." Salomo antwortete: „So wollest du mir geben ein gehorsames Herz" (1. Könige 3, 9).

Welch eine Bitte! Hätten wir auch so reagiert bei der Chance: „Bitte, was ich dir geben soll!"?

Aber wer betet, kennt eben sein Maß. Weil es so ist, darum bittet Salomo nicht um die Vielfalt der Dinge, sondern um ein gewandeltes Herz. Also um die Kraft, durch die alles sich zum Guten wendet, in uns und um uns herum. Denn die anderen sollten es doch merken, von woher wir kommen. Sie sollten doch spüren, dass wir mit Vertrauen und Gelassenheit denen begegnen können, die um uns sind. Ich denke an einen bemerkenswerten Satz, den Max Horkheimer geprägt hat: „Es ist leichter, denen zu vertrauen, die vertrauen!"

Humor

Humor

Lass dich zum Lächeln verleiten

Wenn irgendjemand, müssten die Christen die Ersten sein, die Humor haben. Denn er ist doch eine Frage des inneren Abstands, der inneren Freiheit. Und wo anders können die sein als bei einem Menschen, der außerhalb seiner selbst verankert ist: in Gott? Wo anders als bei dem, der begriffen hat, dass die Geburt Jesu Christi der Hoffnungslosigkeit, der Verzweiflung ein für allemal ein Ende gemacht hat? Karl Barth hat einmal gesagt: „Freude gibt es jetzt, in der nicht nur Brot gegessen, sondern auch Wein getrunken, nicht nur geredet, sondern auch getanzt werden darf und muss. Dem Menschen, der die biblische Botschaft hört und beherzigt, ist es nicht erlaubt, sondern klar verboten, ein unfroher Mensch zu sein." Und Karl Barth hat es nicht nur gesagt, sondern er hat es auch gelebt. Er konnte über sich selbst lächeln.

„Die Engel lachen über den alten Karl", schrieb er einmal, „sie lachen über ihn, weil er die Wahrheit Gottes in einer Dogmatik fassen will. Sie lachen darüber, dass Band sich an Band reiht, jeder dicker als der andere. Lachend sagen sie zueinander: Seht, da kommt er mit seinem Handwägelchen voll Dogmatiken. Und sie lachen über die Menschen, die so viel über Karl Barth schreiben, statt sich mit der Sache selbst zu beschäftigen. Ja, die Engel lachen."

In einer frühchristlichen Schrift heißt es: „Bekleide dich mit der Fröhlichkeit, die allzeit bei Gott Gnade findet und ihm wohlgefällig ist, und schwelge in ihr. Denn jeder fröhliche Mann tut Gutes und sinnt auf Gutes und verachtet die Traurigkeit. Mache dich also rein von dieser bösen Traurigkeit, und du wirst leben, und alle werden Gott loben, wenn sie die Traurigkeit fortwerfen und nichts als Fröhlichkeit anziehen."

Und der Psalmdichter gab ein Beispiel dafür mit seinem Jubelruf: „Wie teuer ist deine Güte, Gott, dass Menschenkinder unter dem Schatten deiner Flügel Zuflucht haben. Sie werden trunken von den reichen Gütern deines Hauses, und du tränkest sie mit Wonne als mit einem Strom" (Psalm 36, 8.9). Diese Freude, die geradezu mit der eines Betrunkenen verglichen wird, ist für manchen fast peinlich. Ein holländischer Pfarrer bemerkte einmal dazu: „Die flüsternde Frauenstimme der Hochzeit zu Kana kommt durch viele Jahrhunderte zu uns: Sie haben keinen Wein. Wein für uns?, lärmen die Ehrwürdigen. Pfui, Maria, Gottes Kirche trinkt Tee!" – Ist es so, dass wir das Brausende, Elementare ausgeklammert haben, und nun ist alles nur noch Form und Würde?

Freilich, manche klammern sich an ihre eigene Würde, und Humor ist für manche sogar so etwas wie das Gegenteil von Glauben. Dabei ist der Glaube die Ursache dafür, die wahren Proportionen der Dinge wieder zu erkennen.

Wie Calvin schreibt, ist die Beschaffenheit der Welt in der Freude Gottes gegründet. Und das muss doch Konsequenzen haben. Der Glaube braucht sich nichts vorzumachen, nicht über sich selbst und nicht über die anderen. Für tierischen Ernst ist darum überhaupt kein Platz. Wer glaubt, der kann das Menschliche, das allzu Menschliche in seiner ganzen Unzulänglichkeit sehen, wie es wirklich ist, weil er es zugleich im Spiegel der Liebe Gottes sieht. Und Gott hat Ja zu dieser unvollkommenen Welt gesagt. Deswegen ist Humor möglich und sogar nötig. Der Lauf aller Dinge geht jetzt einem Ziel zu, das er gesetzt hat. Alles muss jetzt zu einem guten Ende kommen, auch was nach unseren Voraussetzungen unsicher und ungewiss ist. Was bleibt, ist die Freude. „Fröhlichkeit ist Gottes Haushälterin, die Melancholie des Teufels Säugamme", heißt es einmal. Freilich, Humor, ist nicht etwas Letztes, sondern etwas Vorletztes. Er bahnt den Weg vom Menschen zum Mitmenschen. Er ist das Öl, das Härte und Hitze unvermeidlicher Reibungen lindert und kühlt. Und wie viele Reibungen gibt es unter uns! Wenn dann allerdings einer das, was er sagen will, humorvoll verpackt, wird das oft eher gehört. Denn Humor lässt uns über Menschen, ihre Schwächen, ihre Sonderbarkeiten lächeln, statt dass wir uns an ihnen reiben und durch sie verstören lassen – eigentlich nicht über sie lächeln, sondern mit ihnen als stillschweigende Leidensgefährten in der Schwäche und Sonderbarkeit. Weiß man doch von sich selbst, wo ungefähr den anderen der Schuh drückt. Indem man das weiß und sich freundlich darein schickt, verzehrt man sich nicht in Ärger, Verachtung und Vorwürfen, auch nicht in Selbstvorwürfen, sondern denkt daran: Ja, so ist es. Weil es so ist, müssen wir zusammenhalten und uns untereinander ein wenig gut sein und wohl tun.

Vielleicht wäre von dem Humor noch zu sagen, dass er nicht selber glänzen will und seinen Träger glänzen lässt, sondern dass er dem Leben ein freundliches Glänzen entlocken will, das die Ecken und Kanten abrundet. Oft benützt der humorvolle Mensch sich selbst als Zielscheibe. Allein hierbei kann er sicher sein, nicht zu kränken und zu verletzen. Und wenn man schon seinen Humor am anderen betätigt, so wird dabei immer durchschimmern müssen, dass man sich selber auch meint und über sich selber mitlacht. Freilich, gerade zu dem Über-sich-selbst-Lachen gehören Güte, Barmherzigkeit und Gerechtigkeit. Dazu freilich muss der Mensch vom Sicht-selbst-wichtig-Nehmen einiges abtun.

„Wie soll der Mensch anders Gott bekennen", so las ich bei Karl Rahner, „als dadurch, dass er in seinem Leben bekennt, dass er selber nicht Gott ist, sondern ein Geschöpf, das seine Zeiten hat. So kann das Lachen ein Rühmen Gottes sein, weil es den Menschen Mensch sein lässt."

Es gibt tatsächlich eine Verwandtschaft von Glaube und Humor. „Der enge Zusammenhang von Glaube und Humor", so Reinhold Niebuhr, „rührt daher, dass beide sich mit den Unzulänglichkeiten unseres Daseins beschäftigen. Der Humor ist mit den unmittelbaren, der Glaube mit den letzten Unzulänglichkeiten des Lebens befasst. Humor und Glaube sind Ausdruck der Freiheit des menschlichen Geistes, seiner Fähigkeit, sich außerhalb des Lebens und seiner selbst zu stellen und das ganze Bild zu betrachten… Der Christenglaube erklärt, dass die letzte Ordnung und Bedeutung der Welt auf der macht und Weisheit Gottes beruht, der der Herr der ganzen Schöpfungswelt und Vater des menschlichen Geistes ist. Er glaubt, dass die Widersprüche des menschlichen Daseins letztlich durch die Macht und Liebe Gottes überwunden werden und dass die durch Christus offenbarte Liebe ausreicht, um den Widerspruch des Todes zu überwinden."

Wenn das Lachen schon dem Menschen vorbehalten ist, dann kann eine sinnvolle Selbstprüfung damit einsetzen, dass man sich fragt, ob man zum frohen Lachen noch fähig ist und worüber man lacht. Es ist schlimm um einen Menschen bestellt, wenn ihm das Lachen vergangen ist. Ich glaube, dass wir täglich von Gott als Gaben für unser Leben erbitten dürfen: Humor, Witz und Schlagfertigkeit, um unsere Mitmenschen zu erfreuen. Es ist oft nur eine Nervensache, welchen Weg wir wählen. Es sollte freilich auch eine Frage der inneren Haltung sein. Wer sich häufig ärgert, der hält sich selbst noch für zu wichtig. Er glaubt, seine eigenen Ansichten seien Naturgesetze. Aber mit jedem Ärger geht naturgemäß ein Stück Lebensfreude verloren. So ärgert man sich nach und nach alle Heiterkeit weg und geht verbittert durchs Leben, sich und anderen zur Qual.

Was ist das Lachen denn anderes als der jüngste Ton einer Melodie, die lange vor uns schon unhörbar zu spielen begann? Und das nicht nur in den erhabenen Zusammenhängen des Lebens, sondern in den gewöhnlichen Situationen des Alltags, da, wo man, von sich selbst befreit, über dieser Situation stehen kann.

Humor

Detektiv der Liebe

Ein nicht alltägliches Abenteuer bestand zum Abschluss seines letzten Schuljahres der 19-jährige Oberprimaner und Metzgersohn Wolfgang. Er gewann dabei auf geistvolle Art das Herz einer jungen Dame und die Sympathie ihrer Familie.

Es begann irgendwann im November. Eingekeilt zwischen Berufsheimkehrern in der Linie 10 wurde er bei einer scharfen Rechtskurve beinahe einer jungen Dame auf den Schoß gedrückt. Ihr erstaunter Blick ließ ihn erschauern – und in aller Stille sein Herz verlieren. Es kostete ihn manche Straßenbahnfahrt, bis er sie wieder entdeckte und dann auch noch ihren Fahrplan erkundet hatte. Stumm verzehrte er sie jedes Mal mit seinen Blicken. Sie aber zeigte sich kühl und unnahbar. Da beschloss er, sich ihr mit List und Tücke zu nähern und ihre Zuneigung zu „erarbeiten".

Zunächst erwarb er sich ein Abonnement für die Linie 10. Mit der Raffinesse eines Detektivs gelang es ihm dann bald, ihren Vornamen und ihre Familienverhältnisse ausfindig zu machen. Sein Scharfsinn und seine Kombinationsgabe identifizierten nämlich eines Tages ihren ständigen Begleiter nicht nur als ihren leiblichen Bruder, sondern auch als einen Untertianer seines Gymnasiums. Aus dem Klassenbuch der Untertertia entnahm er sodann unauffällig alle Angaben über Ingo Heidmann. Gegen eine Zigarette hatte er ihn sicherheitshalber auch noch vom Hausmeister identifizieren lassen. Christine Heidmann war, wie er sich aus seinen Recherchen zusammenreimte, die Tochter eines stadtbekannten Direktors, älteste Schwester von vier Geschwistern, 17 Jahre alt. Telefonische Anrufe unter harmlosen Vorwänden brachten Wolfgang die Gewissheit über die Richtigkeit seiner Ermittlungen. Dazu erwarb er sich Kenntnisse über alle Familienmitglieder und deren gute sowie schlechte Gewohnheiten.

Gegen Schokolade und Bonbons lieferten die Nachbarskinder weitere Informationen. Sie erzählten etwa von Vater Heidmanns langem Mittagsschlaf, von seinen autoritären Allüren und gelegentlichen Zornausbrüchen, sowie von Mutter Heidmanns Schneiderkünsten. Theoretisch fühlte sich Wolfgang bald in der Familie Heidmann zu Hause. Aber noch immer war Christine nur der Traum seiner schlaflosen Nächte.

Die Familie Heidmann saß beim Abendbrot, als es am 6. Dezember an der Haustür Sturm läutete und der reinste Wirtschaftswunderweihnachtsmann brummend Einlass begehrte. Aus einem uralten Handbuch wurden der Familie Verse aufgesagt und Leviten verlesen, die intimste Kenntnisse der starken und schwachen Seiten eines jeden Familienmitglieds verrieten.

Familie Heidmann staunte nicht schlecht über das offensichtlich glänzend funktionierende Nachrichtenbüro eines Knecht Ruprecht. Dieses Staunen steigerte sich noch mehr angesichts der Gaben, die der Nikolaus mitgebracht hatte: Würste, Gewürzgurken, Senf und allerlei kleine wurstige Leckereien.

Das kleinste Geschenk erhielt Christine: einen Briefumschlag. Wie inhaltsschwer er jedoch war, erwies sich erst, nachdem der Nikolaus Äpfel und Nüsse auf den Perserteppich geschüttet und seine Mission beendet hatte. Christine fand in dem Kuvert eine Karte für einen Orchestersessel in der Oper.

Allen Nachforschungen der Familie Heidmann zum Trotz blieb das Inkognito des freundlichen Weihnachtsmannes gewahrt. Christine, von forschenden Fragen durchbohrt, versicherte händeringend, unter ihren Bekannten befinde sich bestimmt kein Weihnachtsmann, jedenfalls kein so charmanter, auf Geist und Fleisch gleichermaßen orientierter.

Erst als sie, vor Neugier fiebernd, kurz vor der Aufführung auf ihren Platz zuschritt, fiel es ihr wie Schuppen von den Augen. Vor ihr stand der galante, junge Mann aus der Straßenbahn, der ihr schon so oft aufgefallen war. Und er seufzte: „Ach, Christine, wie nett, dass Sie kommen; ich fürchtete schon, Sie schicken Ihre Großmutter."

Humor

Am Tag, als der Regen kam

Der Tag hatte so schön angefangen. Eine strahlende Morgensonne kitzelte uns schon ziemlich früh aus den Federn. Heute also sollte es zu einer größeren Wanderung kommen, nachdem die ersten Urlaubstage mehr dem Ausruhen gewidmet waren. Es versprach, warm zu werden. Also ließen wir alles, was nach Gewicht aussah, zu Hause.

Leichtfüßig schritten wir in den Morgen hinein. Wir, das sind ein Elternpaar und vier Kinder. Als wir weit genug weg waren von jeglicher Behausung, die etwa Schutz hätte gewähren können, zogen dunkle Wolken auf. Es dauerte nicht lang, da fing es an zu prasseln. Die Kinder maulten, die Mutter ertrug mit Fassung das Zerstörungswerk der Wassermassen an ihrer Frisur, und der Vater brütete dumpf vor sich hin. Es war eine Stimmung, bei der man am liebsten drei mal Sch... schreien wollte. Jetzt noch ein falsches Wort und irgendeiner wäre explodiert. Und es regnete und regnete.

Es gibt da ja so einen Moment, da ist man nicht nur nass bis auf die Haut. Da fängt das Wasser an, in Rinnsalen an einem herunter zu perlen. Und man kommt sich vor wie eine Landschaft mit Höhen und Tiefen, in der sich nun das Wasser seinen Weg sucht. Was macht man in so einer Lage, wenn die Stimmung auf dem Nullpunkt ist?

Humor

Als wir damals so weit waren, war es ein kleiner Satz der Tochter, der erlösend wirkte. „Also, baden tu ich heute nicht mehr!" Das war, als wären auch den anderen die Zungen gelöst worden. Mit gegenseitigen Neckereien begann die Aktion „Dem Regen trotzen". „Du siehst wie ein Vollmond aus, mit deinem angeklebten Haar am Kopf", sagte die eine. Und die gab zurück: „Und du wie eine Vogelscheuche, die mal Urlaub vom Feld macht." Inzwischen stapfte der Sohn mit voller Kraft durch die Pfützen. Nass, wie wir von Kopf bis Fuß waren, kam es jetzt darauf auch nicht mehr an. Und so tat er mit Wonne, was sonst einige ermahnende Worte herausgefordert hätte. Zwischenhinein stellten wir Überlegungen an, wofür so ein Regen alles gut ist. Der Staub verschwindet, die Haare wachsen, hinter den Ohren wird wieder einmal durchgespült, und es kommt heraus, wie braun wir wirklich sind.

Als wir so weit waren, diesen „himmlischen Guss" mit humorigen Bemerkungen zu begleiten, hatten wir es eigentlich geschafft. Und als wir dann anfingen zu singen, waren wir über'n Berg. „Hejo, spann den Wagen an, denn der Wind treibt Regen übers Land...", ein Kanon, bei dem man alle Register ziehen kann, wurde sozusagen zum Schutz- und-Trutzlied.

Zwei Stunden später schien wieder die Sonne. Und langsam trockneten wir. Manchmal musste man freilich rückwärts laufen, um auch die hinteren Partien den wärmenden und trocknenden Strahlen der Sonne auszusetzen. Wenn wir später von diesem Urlaub berichteten, dann wurde einiges aufgezählt, was an großen Eindrücken geblieben war. Eines war jedenfalls unvergesslich: Der Tag, an dem wir dem Regen getrotzt hatten.

Humor

Wenn einer eine Reise tut… dann kann er was erzählen

Das ist für viele das Motto für den Urlaub.

Manchmal gibt es Vorbereitungen, die alles zu versprechen scheinen, und dann geht's ganz anders aus. Jedenfalls starteten wir um 4 Uhr morgens in großer Vorfreude an einen der warmen österreichischen Seen. Das Quartier war seit Monaten vorbestellt und wir fuhren nicht zum ersten Mal an diesen Ort. Unterwegs malten wir uns aus, wie wir diese Urlaubstage angehen würden. Und während wir noch schwärmten, und die Stunden der Fahrt verrannen, wartete die kalte Dusche schon auf uns. Nein, nicht eine aus Wasser, eine ganz andere.

Als wir gegen 10 Uhr in den Ort einfuhren, um unser Quartier, wie ausgemacht zu beziehen, war es schon besetzt. Eine Familie mit drei Kindern war da und schaute uns entgeistert an, als wir, wie gewohnt, unser kleines Appartement in Anspruch nehmen wollten.

Und dann kam die Vermieterin. Sie schlug die Hände über dem Kopf zusammen: „Was, Sie sind schon da?!" Mehr war ihr nicht eingefallen. Offenbar waren wir zu früh gekommen, sodass sie sich noch nichts als Entschuldigung zurechtgelegt hatte.

Jetzt erzählte sie uns umständlich und breit, dass sie aus Versehen das Appartement zweimal vermietet hatte. Jetzt war guter Rat teuer. Wie sollte es weitergehen? Wir waren sprachlos. Die Familie mit den Kindern war es auch, nur die Wirtin sprudelte weiter: „Ich habe ein Ersatzquartier im Gasthof ‚Zur Forelle' bestellt. Ein anderes Quartier gibt es überhaupt nicht mehr, insofern seien sie froh, dass ich Ihnen wenigstens das noch besorgt habe."

Aber wir wollten ja ans Wasser und nicht in irgendeinen Gasthof. Ich dachte: Das kann doch nicht wahr sein! Jetzt wollte ich eigentlich loslegen. Worte hatte ich genug parat, gewachsen aus Ärger und Enttäuschung. Aber dazu kam es doch nicht. Warum? Mir ging plötzlich durch den Sinn, wie routiniert wir eigentlich geworden sind, auf Perfektion getrimmt. Störungen waren da nicht vorgesehen und Pannen grundsätzlich ausgeschlossen. Und überhaupt, die Familie mit den Kindern!

Ich dachte: Eine solche Situation hast du lange nicht erlebt, und jetzt kommt's drauf an. Was machst du daraus? Meine Frau spielte zum Glück mit. Also ließ ich die Doppelbesetzung Doppelbesetzung sein, dankte der Vermieterin für das Ersatzquartier, das aber in gar keiner Weise unseren Vorstellungen entsprach und erklärte: „Wir suchen uns selbst etwas!" Wobei ich natürlich auch auf die

Hilfe des Fremdenverkehrsamtes hoffte. Dort angekommen, baten wir eine freundliche Dame um ihre Hilfe. Nach langem Suchen hatte sie endlich zwei Adressen herausgefischt, natürlich nicht am See. Nun, nichts wie hin, dachten wir. Die erste Vermieterin bedauerte, gerade vor fünf Minuten habe sie das Zimmer vermietet. Ich sah es ihr an, dass es ihr Leid tat.

Dann schnell ins Auto zur nächsten Adresse. Als wir vorfuhren, tauschte der Hausherr gerade das Schild „Zimmer frei" gegen „Besetzt" aus. „Etwa für uns?", fragten wir hoffnungsvoll. „Mitnichten", sagte er. Wieder waren andere Leute schneller gewesen als wir.

Im Schritttempo fuhren wir also weiter die Straße entlang, einer schaute rechts, einer links. Überall rote Schildchen „Besetzt", bis wir nach langer Zeit auf eine Zufahrtsstraße zu einem Bauernhof kamen. Dort war ein Schild „Zimmer frei", allerdings überklebt. Vielleicht ist das ein alter Klebestreifen, hofften wir. Also hin und gefragt. Und es klappte. Zwar mussten wir mehrfach im Haus umziehen, aber das gehörte inzwischen zu dem abenteuerlichen Ablauf jenes Urlaubs hinzu. Wir waren zwar weit weg vom See und auch weiter weg von unseren Vorstellungen und Träumen von unserem Urlaub, aber wir hatten uns an den kleinen Satz gehalten: „Man muss das Beste aus einer Sache machen!"

Humor

Vielleicht gehört dazu manchmal mehr Disziplin, als es den Anschein hat. Das Beste daraus zu machen heißt ja auch: nicht um sich zu schlagen, nicht mit jeder Menge Schuldzuweisungen gegenüber anderen Leuten reagieren, sondern dieser Situation mit einer gewissen Neugier, auch darauf, wie man selber reagiert, begegnen.

Jedenfalls sind wir einige Wochen später um eine wichtige Erfahrung reicher heimgefahren. Zum einen mit der Einsicht: irgendwelche Ansprüche um jeden Preis durchzusetzen bringt einen nicht weiter, sondern vergällt einem den Urlaub und die freie Zeit. Zum anderen: Manchmal kommen Entwicklungen auf einen zu, wo man sie nicht erwartet hat und es kommt darauf an, wie man sie besteht. Und drittens: Gerade weil wir versuchten, flexibel genug zu reagieren, gab es erstaunliche Wirkungen.

Wir haben auf diesem Bauernhof besonders freundliche Leute kennen gelernt und mit ihnen manchen Gesprächsabend verbracht. Wir haben als Städter einiges vom bäuerlichen Leben erfahren.

Und was jene Vermieterin vom See anging: Die hatte ein so schlechtes Gewissen, dass sie uns etwas Gutes tun wollte. Und so lud sie uns auf ihr privates Seegrundstück ein, von dort konnten wir dann baden, schwimmen, Boot fahren, so oft wir wollten.

Humor

Als wir heimfuhren, haben wir Bilanz gezogen: Alles in allem war es ein geglückter Urlaub für uns. Vielleicht Teil der Lebenskunst, über die Lichtenberg schreibt: „Die Kunst des Lebens besteht darin, jeden Augenblick, den günstigsten wie den ungünstigsten, zum bestmöglichen zu machen. Denn Klagen, Lamentieren und Verdruss zehren die vorhandenen Kräfte auf."

Kein Talent für die Landwirtschaft

Eigentlich bin ich ein Bewunderer der freien Natur. Stundenlang zu wandern, das gehört zu meinem Leben wie nur wenige andere Dinge. Ich kann mich begeistern für die Färbung des Laubes im Herbst, für das beginnende Grün im Frühjahr; und über die Höhen des Schwarzwaldes zu strolchen wie ein „freier Wildbretschütz" – das ist so ganz nach meinem Herzen. Nur mit der Landwirtschaft selbst – da wollte es nie so recht klappen. Als Großstadtkind wusste ich gerade noch, dass es allerlei Tiere gibt, von denen der Mensch lebt, und dass die Milch nicht nur von dem Milchmann an der Ecke kommt. In der Schule habe ich gut gelernt, dass die Kuh zum Ziehen eingerichtet ist und der Schwanz nicht als Pumpenschwengel verwendet werden sollte. Aber meine verschiedenen Begegnungen mit der Landwirtschaft gingen nie so ganz gut aus.

Das fing schon an, als ich 1945 bei einer Missionsgesellschaft als Aspirant, wie man das damals nannte, eingestellt wurde, verantwortlich für die Ökonomie. Diese bestand aus drei Kühen, einem Schaf und zehn Kaninchen – ein außerordentlich gefährdetes Inventar 1945, und das mitten in einer westdeutschen Großstadt. Zwar fehlte es mir nicht an gutem Willen, mich mit diesem lebenden Inventar anzufreunden. Aber nachdem ich drei Tage lang angelernt worden war, zu melken, und man mich dann diesem Geschäft allein überließ, waren die Kühe mit Sicherheit zu bedauern. Gewiss ist es eine Legende, wenn man behauptet, dass die Kühe, wenn ich den Stall betrat, sich zitternd zuflüsterten: „Jetzt kommt wieder der mit den kalten Händen!" Aber so ganz unrecht hatten sie nicht.

Unglücklicherweise, jedenfalls für meine Melkkünste, bekam die eine Kuh ein Kälbchen. Das bedeutete einen riesigen Milchanfall; begrüßenswert für alle, die Milch über irgendeinen Verteiler bekamen. Aber nicht für mich, der ich alle acht Stunden unter diesem riesigen Tier saß und versuchte, herauszukriegen, was herauszukriegen war. Gutes Zureden nützte da nicht viel. Im Grunde sprach ich mir auch selber mehr Mut zu, als dass ich die Kuh beruhigte.

Einmal muss ich besonders hart hingelangt haben. Sie sprang jedenfalls mit beiden Hinterbeinen, die nicht gerade Lackschuhglanz trugen, mitten in den Milcheimer. Selten habe ich so graue Milch gesehen. Wir wagten sie gar nicht zum Verkauf abzuliefern und tranken sie selbst. Einige Gäste des Hauses hatten das Gefühl, dass der Milchkaffee anders schmeckt als sonst. Nur durch Vorwärtsverteidigung konnte ich mir helfen: „Sie alle wissen eben gar nicht mehr, wie richtige Milch schmeckt. Heute haben wir einmal die besondere Gelegenheit, wieder schöne, fette Milch zu uns zu nehmen. Deshalb: Genießen wir sie!" Und das tat man dann auch eifrig.

Das Schaf allerdings bereitete mir noch mehr Kummer. Zu meinem Missgeschick hatte es von meinem Vorgänger den Namen Emma erhalten. Nun gehört dieser Name eigentlich mehr in die Verwandtschaft der Möwen. Aber, was half's: Emma, das Schaf, war an diesen Namen gewöhnt und es hörte sogar darauf.

Für ein Schaf war Emma ziemlich mutig. Sie graste nicht nur in der Nähe des Hauses, sondern wagte sich auch ein bisschen weiter weg, dort, wo noch an Wiesenrändern und Gärtenrainen etwas Grün hervorlugte. Das freilich war Emmas Verderben.

Als ich eines Abends den Viehbestand durchzählte, fehlte das Schaf. Ich suchte die Wiesen ab und gelangte dann auf verschiedene schmale Wege, die quer durch Schrebergärten führten, zum Teil mit mühsam zurechtgebastelten Häusern, wohin sich einige Bewohner aus der zerbombten Stadt zurückgezogen hatten. Als ich im Abenddämmern aus den verschiedenen Schornsteinen kleine Rauchschwaden entweichen sah, dachte ich mir schon, welchen Weg Emma eventuell gegangen sein könnte.

Ich wagte einige zaghafte Rufe: „Emma! Emma!" – Kein Blöken als Antwort. Nichts von dem weichen Fell, das sich sonst so eng an einen herankuschelte.

Wieder rief ich: „Emma! Emma!"

Da öffnete sich eine Tür an irgendeinem der Schrebergartenhäuschen. Jemand rief: „Mensch, ist dir deine Alte ausgerissen?!"

Das war für mich das Signal, umzukehren und der Hausleitung den Verlust von Emma, dem Schaf, zu melden. Wirklich ein ziemlich unersetzlicher Verlust in einer Zeit wie 1945. Wie gesagt – ich habe eben kein Glück mit der Landwirtschaft.

Vielleicht liegt es sozusagen in der Familie. Denn als meine Frau und ich einige Jahre später in einem ostfriesischen Dorf Dienst machten, ging es uns nicht viel besser.

Wir waren bei einem der Bauern eingeladen. Es ging schon auf Mitternacht zu, und um unser Interesse für die Landwirtschaft anzudeuten, baten wir noch um Besichtigung der Stallungen. Stolz führte uns der Bauer an den herrlichen schwarzbunten Kühen vorbei, die Ostfrieslands Weiden bevölkern. Es waren siebzig Tiere, von den ganz großen, kräftigen, starken bis hin zu den kleineren, den Kälbern. Nun mag es wohl stimmen, dass am äußersten Ende des Stalls das Licht nicht mehr so hell war. Jedenfalls sagte meine Frau plötzlich ganz beglückt: „Was ist das für ein süßes Kälbchen!" Und dabei zeigte sie auf ein kleines, niedliches Tier am Ende der Reihe.

Humor

„Das", sagte der Bauer entgeistert, „das ist unser Foxterrier!"

Nun, der hatte gerade so in der Reihe mitgestanden, und da dachten wir eben... So ist das mit unserem Interesse für die Landwirtschaft... Aber wir haben eben kein Glück damit.

Frisch getraut –
und schon eine „affige Sache"

Ich hatte die beiden getraut. Vielleicht meinten sie deshalb, mir davon erzählen zu müssen; vielleicht auch, weil sie dachten, die Geschichte würde bei mir sicher nicht verloren gehen – was ja auch stimmt.

Sie beginnt wie die meisten Hochzeitsgeschichten. Das Paar brach früh auf, als die Gesellschaft noch fröhlich feierte. Die Hochzeitsreise war seit langem vorgeplant, das Ziel niemand verraten worden. Nur die beiden kannten die einzelnen Stationen ihres Weges dorthin.

Die erste Nacht sollte in einem Hotel in Basel verbracht werden. Es war ein gutes Hotel: seriös, vielversprechend, schweizerisch solide, das Zimmer gediegen eingerichtet. Irgendwie hatte man erfahren, dass sie sich auf der Hochzeitsreise befanden und entsprechend ließ man es an kleinen Aufmerksamkeiten nicht fehlen. So verbrachten sie gut behütet ihre Hochzeitsnacht.

Als er am frühen Morgen aufwachte, galt sein erster Blick natürlich der neben ihm liegenden frisch angetrauten Ehefrau, die sich, dem Lächeln auf dem Gesicht nach, noch in allen möglichen Gefilden verträumt herumtrieb.

Der zweite Blick galt dem Zimmer. Und als er

seine Augen so schweifen ließ, entdeckten sie plötzlich etwas, das ihn wie ein Spuk narrte. Er rieb sich die Augen, schüttelte den Kopf, kniff sich in den Arm, um sich auch zu überzeugen, ob er nicht träume. Aber, was er sah, veränderte sich nicht. Dann versuchte er, ganz sachte seine junge Frau zu wecken und sie vorzubereiten.

„Du, Liebling, jetzt erschrick bitte nicht. Wenn du es auch nicht für möglich hältst: Dort auf dem Schrank sitzt ein Affe."

Oh, sie wagte gar nicht, von ihrem Mann wegzusehen, so glücklich war sie. Ein wenig bedauernd schaute sie ihn an: Ob es ihm nicht bekommen ist?, fragte sie sich.

„Du, das wird schon wieder besser", meinte sie lachend.

„Nein, nein", sagte er, „da sitzt wirklich ein Affe. Ich wollte dich nur ganz sachte darauf vorbereiten."

Und dann wagte sie den Blick. Mit einem schrillen Schrei fuhr sie wieder unter die Bettdecke.

Tatsächlich saß da ein Affe auf dem Schrank – ein junger Schimpanse, der aus dem nahe gelegenen Zoo ausgerissen und auf der Suche nach irgendeiner Wohnstatt durch das offene Fenster hereingeklettert war. Wahrscheinlich war er genauso überrascht wie diese beiden. Immerhin – welch aufmerksamer Service des Hotels, sogar einen Vertreter der Tierwelt als Gratulanten zu schicken!

Humor

Der Idealgast?

Jeder Mensch hat seine Prinzipien. Warum auch nicht? Das macht sich gut, sieht originell aus und überhaupt... Dass auch Gastgeber in Beziehung auf ihre Gäste, die sie aufnehmen, ihre Prinzipien haben, ist zu erwarten. Freilich, welche Prinzipien da eine Rolle spielen, war bis vor kurzem so allgemein nicht bekannt. Nachdem aber bei einem großen Christentreffen die Quartiergeber bestimmte Wünsche ausgesprochen hatten, weiß man das besser.

Die Bitte um „eine nette Person" mag ja noch hingehen. Aber – wie ist das, wenn der Wunsch geäußert wird: „Junge Damen senden, da die Dachkammer oft recht warm ist?" Geht man da etwa davon aus, dass junge Damen noch so recht im Saft stehen, sodass sie auch einige Nächte Stuttgarter Talkesselhitze überstehen, ohne gleich zu Dörrpflaumen zu werden? Sehr viel edler scheint dagegen die Bitte um ein „Pfarrer-Ehepaar" zu sein. Bei Pfarrern weiß man ja, woran man ist. Die sind sozusagen von Berufs wegen „Gäste auf Erden"; das müsste sich eigentlich machen lassen. Aber – Vorsicht, es gibt auch Jugendpfarrer, Studentenpfarrer. Sie könnten strapaziös wirken. Freilich, die Gastgeber, die schon so etwas ahnten, bitten extra darum, „keine langmähnigen APO-Leute" zu schi-

Humor

cken. Dabei wäre das endlich einmal die Gelegenheit, sozusagen in einem privaten „Sitin" sie besser kennen zu lernen. Welche Chance wird da vergeben, zu entdecken, dass sie ja Menschen sind wie „du und ich".

Da kann ich schon jenen Gastgeber besser verstehen, der seine Erwartungen schlicht mit dem Satz umreißt, dass es „weibliche Gäste, jung und hübsch", sein sollten. Leider hat er nicht Haarfarbe, Alter und die üblichen Maße erwähnt. Das hätte die Auswahl wahrscheinlich etwas erleichtert. Aber nun muss er sich überraschen lassen. Bleibt nur die Hoffnung, dass man die Quartierkarten auf keinen Fall durcheinanderbringt. Dass jemand schreibt: „Nichtraucher erwünscht", lässt auf schwäbische Sauberkeit schließen. Die Vorhänge sollen eben auch in acht Tagen noch so aussehen wie heute. Nicht ganz verstanden habe ich die Bemerkung eines Gastgebers: „Zwei scharfe Hunde im Hause". Wollte er damit seine Einladung wieder rückgängig machen? Oder dachte er an einen Tierfreund? Ich sehe jedenfalls schon den Gast abends zitternd nach Hause kommen. Vielleicht hilft eine Rücksprache mit der Bundespost, die hier ja einschlägige Erfahrungen mit ihren Briefträgern hat.

Alle diese zum Teil etwas skurrilen Wünsche werden freilich übertroffen durch die Erwartung – hier sträubt sich die Feder – : „Ausländer ja, aber keine Neger". Hält sich da jemand die falsche Zeitung? Oder haben sich Vorurteile zu tief eingenistet? Schade. Dabei wäre ein Treffen von Leuten, die sich auf den Namen eines Orientalen berufen, vielleicht gerade eine Gelegenheit, sich auf eine heilsame Weise von diesen Vorurteilen befreien zu lassen. Wirklich schade!

Vielleicht aber sind diese Gastgeber-Prinzipien gar nicht so ernst gemeint. Hoffentlich. Darum rasch noch einmal die Quartierkarten kräftig gemischt und Überraschungen die Tür geöffnet – schließlich hat der Heilige Geist schon einmal Parther, Meder und Elamiter unter einen Hut gebracht, und das waren gewiss nicht alles Pfarrersehepaare oder junge, hübsche Mädchen.

Humor

„Mordversuch" im Speisewagen

Ort der Handlung: ein vollbesetzter Speisewagen der Deutschen Schlafwagengesellschaft in einem fahrplanmäßigen Fernschnellzug. In Schweiß gebadet, bemühen sich ein Oberkellner und sein Gehilfe in dem überheizten rollenden Restaurant, einem etwas gereizten, ungeduldigen Publikum gerecht zu werden.

An einem der Vierertische sitzt schweigsam und in Gedanken versunken ein Herr mit Brille. Er ist der Einzige, der sich nicht unwillig über die Wärme, die Wartezeit und den mangelhaften Kundendienst beschwert. Und gerade ihn trifft das Missgeschick.

Es naht in Gestalt des Kellners, der eine Schüssel mit Gulasch balancierend durch den Gang eilt. Der Zug legt sich in die Kurve, verliert ruckartig an Tempo, der Kellner stolpert, und ein Teil des Gulaschs saust dem bebrillten Herrn auf das blütenweiße Hemd, den Schlips und die Hose. Der Kellner steht erstarrt. Jegliche Unterhaltung erstirbt. Alle Augen sind auf den Ort der Katastrophe gerichtet.

Der betroffene Herr schüttelt in stoischer Ruhe die Gulaschbrocken vom Schoß und wendet sich dann in völlig ruhigem Ton an den verdatterten Kellner: „Nun ja, das kann passieren. Aber jetzt

Humor

los, los! Bringen Sie mal schnell heißes Wasser, dass wir den Schaden reparieren können."

Kein böses Wort, keine Schimpfkanonade, keine Schadenersatzforderung.

In den nächsten Sekunden sind nur Absätze zu sehen. Der Kellner läuft beflissen nach Wasser, der Oberkellner kommt mit einem kleinen Bündel von Servietten, auch die Tischnachbarn greifen zu. Alle reinigen und rubbeln hilfreich an dem Gulaschbespritzten herum.

Ein Reisender bietet ein Ersatzhemd an. Der Oberkellner will den Schaden für die Versicherung aufnehmen. Doch großmütig und mit unbewegtem, immer gleich ruhigem Gesicht winkt der Herr mit Brille ab: „Keine weiteren Worte und Umstände. Ich fahre nach Hause. Dort lässt sich der Schaden reparieren. Machen Sie nur Ihre Arbeit weiter."

Durch den Wagen geht ein Aufatmen. Wellen von Sympathie schlagen dem Muster an Selbstbeherrschung entgegen.

Dem Kellner ist zumute wie an Weihnachten. „Dass es so etwas noch gibt!", stößt er aus. Und mit doppeltem Eifer widmet er sich seiner Arbeit – bemüht, durch eifrige Aufmerksamkeit, Höflichkeit und Schnelligkeit verlorene Punkte wieder zu sammeln.

Gerade hält der Zug. Und wie der Blitz ist der Kellner mit der Eisenkurbel zur Hand, um das

Fenster am Platz des bebrillten Herrn herunterzudrehen. Frische Luft soll ihn zum Dank umfächeln.

Aber, oh Tücke des Objekts! Die Kurbel entwischt bei der heftigen Drehung den nervösen Fingern des Kellners, rutscht aus der Fassung und fliegt in hohem Bogen dem besagten Herrn direkt auf einen seiner Brillenbügel und dann samt Brille auf die Schulter.

Wieder schlagartig diese Stille. Man könnte eine Stecknadel fallen hören. Man denkt: „Jetzt kommt's! Jetzt wird er explodieren. Jetzt gibt es ein Donnerwetter!"

Der Kellner macht mit den Händen zuckende Bewegungen, so als wolle er das Geschehen zurückdrehen. Die Hosenbeine flattern leicht bewegt.

Gelassen nimmt der nun unbebrillte Herr seine Serviette auf, putzt die Augengläser und erhebt den Finger. Nicht unfreundlich stellt er gelassen fest: „Jetzt weiß ich, was Sie wollen: Sie wollen mich umbringen. Wird Ihnen aber so schnell nicht gelingen!"

Erleichtertes Gelächter bricht auf.

„So etwas!" „Ein Orden für diese Haltung!" „Dem Mann sollte man die Rechnung schenken!" So und anders schwirrt es durch den Raum.

Niemand bemerkt, dass der Herr mit Brille zahlt und still den Raum verlässt.

Humor

Zurück bleibt eine Atmosphäre des Wohlwollens und das Resümee der Unterhaltung an den Tischen, die durch das Geschehen zu kleinen Erlebnisgemeinschaften geworden sind, lässt sich etwa so zusammenfassen: Eine Hand voll solcher Mitmenschen und Kollegen – und das Dasein, die Zusammenarbeit, sie wären wirklich ein Spaß.

Der Kellner aber erzählt jedem, der es hören will, dass er an diesem Abend so viel gelernt habe wie in der ganzen Zeit seiner bisherigen Berufstätigkeit nicht.

Alarm im Doktorhaus

Es war im Jahr 1947. Ich wohnte damals im Haus der Eltern meines Freundes, einem Arzthaus. Mein Freund hatte noch zwei ältere Brüder, die in der nahe gelegenen Universitätsstadt studierten. Wir verstanden uns alle sehr gut, und wenn die Studenten über ein verlängertes Wochenende nach Hause kamen, gab es oft lange Palaver, meistens im gemütlichen Treppenhaus des kleinen Holzhauses. Über wie viele Probleme des Lebens haben wir in den Abend- und Nachtstunden auf jener Treppe diskutiert! Doch davon soll hier nicht erzählt werden. Denn einmal passierte etwas ganz Besonderes.

Es begann ganz harmlos. An einem Freitagabend, als wir wieder einmal zusammensaßen, beobachtete ich, wie die Klinke der Haustür sich fast unmerklich auf und ab bewegte. Ich machte die anderen durch ein Zeichen auf diese Beobachtung aufmerksam. Überrascht blickten sie auf die Tür. Jetzt allerdings bewegte sich die Türklinke nicht mehr.

Nach einer Weile lachten sie alle: „Was soll denn sein? Wir sehen nichts!" Dennoch schlossen sie die Tür auf und sahen nach. Aber niemand stand draußen.

Es war eigentlich nichts Ungewöhnliches, dass in jenen Jahren noch zu später Stunde der Arzt aufgesucht und um Hilfe gebeten wurde. Auch gab es sehr viele Leute, denen – einmal vor der Arzttür angekommen – dann doch der Mut zum Klingeln fehlte. Aber diesmal befand sich tatsächlich niemand vor der Tür. Ich blieb jedoch bei meiner Behauptung: „Freunde, da war jemand!"

„Geh ins Bett", wurde mir geraten, „du siehst schon Gespenster."

Nun, es war auch an der Zeit. Wir verabschiedeten uns.

Es war kurz nach Mitternacht. Mein Freund und seine Brüder schliefen oben, ebenso ein Student, sowie die Eltern und eine Schwester meines Freundes. Ich selbst schlief allein unten. Müde sank ich in mein Bett, versuchte noch etwas zu lesen, schlief dann aber schnell ein.

Vier Stunden später erwachte ich durch ein lautes Klopfen. Jemand rief meinen Namen. „Mach bitte schnell auf und schau dir das an!" Ich knipste das Licht an. Es war 4.15 Uhr. Mein Nachttisch war abgeräumt, mein Kleiderschrank durchwühlt. Portemonnaie und Uhr fehlten. Ich versuchte die Tür zu öffnen; sie war verschlossen. So stieg ich zum Fenster hinaus. Die Haustür stand offen. Die Zimmer im unteren Stock, der Keller – sie boten einen Anblick wie nach einem Erdbeben. Sämtliche Schränke waren geöffnet, zum Teil hingen die Kleider heraus. Alles war offensichtlich durchsucht worden. Inmitten des Schlachtfeldes stand sprachlos der Vater meines Freundes. Er war am frühen Morgen telefonisch zu einem Patienten gerufen worden und hatte als Erster die Bescherung gesehen. Zunächst glaubte er gar nicht an einen Einbruch. Er dachte eher an einen Ulk oder gewagten Streich. Dann handelte er stillschweigend. Nach wenigen Minuten kam die Polizei. Der Beamte nahm auf, was wir wahrgenommen hatten.

„Einbruch einer vermutlich bewaffneten Bande. Gesucht wurden wahrscheinlich Wertgegenstände und Medikamente", lauteten seine ersten Ermittlungen.

„Die Diebe sind in meinem Zimmer gewesen, sie haben neben mir alles umgewühlt!", fügte ich noch hinzu.

„Seien Sie nur froh", sagte der Wachtmeister, „Ihr guter Schlaf hat Ihnen wahrscheinlich das Leben gerettet. Wären Sie aufgewacht, hätte man Sie wohl nicht ungeschoren gelassen." Das war ein nicht gerade angenehmes Gefühl.

Die Diebe konnten nicht gefasst werden. Auf in Benzin getauchten Socken hatten sie das Weite gesucht. Die nächsten Tage waren fürchterlich. Diebe, die es wagen, in Häuser einzubrechen, in denen fünf Männer wohnen, müssen schon sehr unverfroren sein. Und – waren sie nicht nur gestört worden, hatten sie ihr Werk nicht halb vollendet zurückgelassen? Genug; wir schlossen die nächsten Wochen alles sehr sorgfältig ab. Ich durchsuchte jeden Abend, bevor ich zu Bett ging, gründlich mein Zimmer, ob sich nicht einer dort versteckt hielt. Allmählich normalisierte sich unser Verhalten wieder. Als die heißen Sommertage kamen, ließ ich zunächst die Fenster und schließlich dann auch den Fensterladen wieder offen.

Eines Nachts, der Mond schien zwischen Wolken ab und zu auf Haus und Garten, erwachte ich um 2 Uhr durch das Geräusch leiser, über den Rasen und über den Kiesweg schleichender Männerschritte. Ich blinzelte zum Fenster und sah die Silhouette eines Männerkopfes auftauchen.

Im Nu war ich hellwach. Gleichzeitig war alle Kraft aus meinen Knochen gewichen. Mein Herz begann hörbar zu schlagen. Blitzschnell griff ich nach einer Sprudelflasche, die neben meinem Bett stand. Die Hände des Mannes am Fenster wurden sichtbar. Ich zählte leise bis drei und brüllte dann, um mir Mut zu machen: „Ha-a-a-lt!" Ich sprang vom Bett auf und warf die Sprudelflasche in Richtung Fenster. Doch sie traf nicht, sondern zerschellte an einem Baum im Garten.

Ich hörte Füße über Kies und Rasen laufen. Eine Tür schlug. Mit zwei Griffen hatte ich Fensterladen und Fenster geschlossen. Ich verschloss auch meine Zimmertür und leuchtete mit der Taschenlampe vorsichtshalber alles ab. Dann nahm ich auf meinem Bett Platz und verhielt mich ganz ruhig. Zu unternehmen wagte ich nichts. Wer sagte denn, dass nicht im Keller oder im Garten noch andere waren?

Im ganzen Haus blieb es still. Draußen hörte man nur Grillen zirpen, und vom Flur her war das vertraute Geräusch fallender Tropfen aus dem Wasserhahn über dem Handwaschbecken vor der Toilette zu hören. Ich saß bewegungslos und überlegte. Allmählich entspannte ich mich. Vielleicht war ich auch zeitweise etwas eingenickt. Einmal knackte es im Wohnzimmer, zwei Türen weiter. Ich hätte behaupten mögen, dass da jemand war.

Draußen dämmerte es, die ersten Vogelstimmen waren zu hören. Leise schloss ich meine Tür auf, schlich hinaus – und starrte auf die Wohnzimmertür. Denn langsam bewegte sich dort die Klinke nach unten. Die Tür öffnete sich. Ich griff nach einem Spazierstock – ließ ihn aber sofort wieder fallen. In der Tür stand nämlich im Pyjama und Mantel ein grauhaariger Herr, käsebleich – wie mir schien. Wir starrten uns sprachlos an. Dann stellten wir uns gegenseitig höflich vor. Mein Gegenüber war ein Arzt, vom Vater meines Freundes spät nachts von einem Arzttreffen mit nach Hause gebracht, weil er sonst kein Quartier mehr bekommen hätte.

Nun klärte sich alles rasch auf. Dem Doktor war vom Hausherrn die Geschichte des Einbruchs erzählt worden. Dann hatte er ihm die Couch im Wohnzimmer als Schlafstätte zugewiesen mit der

Ermahnung: „Bitte lassen Sie die Fenster und Fensterläden geschlossen."

Weil es heiß war und er keinen Schlaf finden konnte, beschloss der fremde Doktor, einen kleinen Nachtspaziergang im Garten zu machen. Vorsichtig öffnete er die Balkontür und betrat auf leisen Sohlen (niemand sollte gestört werden) den Garten. Da sah er ein offenes Fenster. Welcher Leichtsinn! Über den Kiesweg ging er auf das Fenster zu und sah in ein dunkles Zimmer. Gerade wollte er die Fenster oder Läden schließen, da schrie plötzlich jemand laut auf. Ein schwerer Gegenstand flog an seinem Kopf vorbei. Irgendwo detonierte oder zersplitterte etwas. Nur ein Gedanke beherrschte ihn: Die Einbrecher sind wieder da! Nun aber nichts wie weg. Er sprang ins Zimmer, knallte die Balkontür zu und schloss die Türen ab. Dann saß er im Dunkeln auf seinem Bett. Sein nicht mehr ganz gesundes Herz pochte wild im Brustkasten, und nur von irgendwoher hörte er das Geräusch aus der Leitung fallender Tropfen. Erst als jemand auf den Gang hinaustrat, öffnete auch er vorsichtig die Tür.

Zwei beunruhigte Beunruhiger saßen sich bald bei einem Schnaps gegenüber. Die große Spannung löste sich in einem schallenden Gelächter, das aber jäh abbrach... denn auf keinen Fall wollten wir zu dieser frühen Stunde das „geplagte" Doktorhaus zum dritten Mal in Alarmzustand versetzen.

Humor – der kleine Bruder des Glaubens

Dass der Humor als kleiner Bruder mit dem Glauben verschwistert ist, kann man selbst an Kranken und Sterbebetten erleben.

So erzählte mir einmal Schwester Maria, die Gemeindeschwester, sie habe den alten Großvater P. im Nachbardorf besucht. Er war schon einige Zeit krank gewesen, aber in den letzten Tagen hatte sich sein Zustand merklich verschlechtert. Als sie nun nach einer langen Nacht zu ihm kam und ihn freundlich begrüßte, habe er nur geseufzt: „Ach Schwester Maria, wenn ich bloß einmal tot aufwachen würde!"

Unvergesslich bleibt mir eine alte Frau in der oberschwäbischen Diaspora. Das Los, den Mann früh zu verlieren, hatte sie tapfer getragen, und wenn es ihr auch nicht leicht gefallen ist, für eine gute Ausbildung ihrer sechs Kinder zu sorgen, so hatte sie darüber hinaus doch stets noch ein offenes Herz und eine offene Hand für die Sorgen und Nöte anderer Menschen gehabt. Doch nun war sie als Achtzigjährige krank geworden, und seit Monaten schon wurde sie von den heftigsten Schmerzen geplagt.

Als ich sie am Anfang der Karwoche besuchte,

sagte sie lächelnd: „Herr Pfarrer, ich mein', jetzt sei's genug. Ich hab' unsern Heiland gebeten, dass er mich am Karfreitag heimholen soll. Ich weiß, er tut's. Wenn Sie an Ostern dann an meinem Grab stehen: nicht meinen Ruhm, Gottes Ruhm verkündigen! Und" – im gleichen Atemzug fügte sie hinzu – „machet Se's kurz, dass d'Leut keine kalte Füß krieget!"

Ihre Bitte wurde erhört. Am Karfreitag durfte sie heimgehen und am Ostermontag stand eine große Trauergemeinde an ihrem Grab. So bleibt nur noch die Frage offen, ob auch ihre beiden letzten Wünsche in der rechten Weise erfüllt worden sind.

Die interessanteste Predigt seit Jahren

Eigentlich war alles gut vorbereitet und Uli hatte gar keinen Grund, aufgeregt zu sein, zumindest brauchte er nicht aufgeregter zu sein als andere Theologiestudenten, die ihre erste Predigt vor einer Gemeinde halten. Mit dem Pfarrer, an dessen Stelle er den Gottesdienst in der Anstalt für geistig behinderte Kinder halten sollte, war vereinbart worden, dass rechtzeitig drei Stunden vor Gottesdienstbeginn ein Lehrer der Anstalt den Gastprediger in seiner Studentenbude abholen sollte. Danach wäre dann noch genug Zeit, den Ablauf des Gottesdienstes zu besprechen und die Räumlichkeiten kurz zu inspizieren.

Aber schon das Abholen klappte nicht und Uli musste sich am Sonntagmorgen um ½ 8 Uhr, wenn in einer Universitätsstadt noch kein Mensch ansprechbar ist, ein Auto besorgen. Das gelang ihm schließlich auch, und zwar gerade noch so zeitig, dass er die Kirche erreichte, als die Glocken schon zu läuten begannen. Hastig betrat er die Sakristei, gab dem Mesner den Liederzettel für den Organisten und ließ sich vom Pfarrer in den Talar helfen.

Zum Glück passte der Talar einigermaßen. Aber

Humor

zu Änderungen – die Pfarrfrau hatte vorsichtshalber ein paar schwarze Sicherheitsnadeln mitgebracht – wäre ohnehin keine Zeit mehr gewesen: Der Organist intonierte das erste Lied, höchste Zeit also für Uli, die Sakristei zu verlassen. Ein aufmunternder Blick des Pfarrers begleitete ihn, wie er etwas ängstlich und vorsichtig – beides zusammen machte einen recht würdigen Eindruck – zum Altar schritt.

Die Gemeinde – das waren die älteren Kinder der Anstalt, die Lehrer und Erzieher, dazu noch ein paar Leute aus dem Dorf – ließ sich in ihrem Gesang durch Ulis Auftreten nicht stören. Und als er sich beim Eingangsgruß an den gewaltigen Klang gewöhnt hatte, den seine Stimme in diesem hohen Raum bekam, fühlte er sich einigermaßen sicher und sah der Predigt gelassen entgegen. Fast beschwingt stieg er die Treppe zur Kanzel hinauf, die hoch über den Häuptern der Gemeinde hing. Aber schon beim ersten Wort seiner Predigt verließ ihn diese Gelassenheit wieder: Die Zuhörer rissen die Augen auf und schauten ihn erstaunt an, als seien sie es nicht gewohnt, mit liebe Gemeinde angeredet zu werden. Oder machten sie deshalb so fragende Gesichter, weil sie erst jetzt richtig merkten, dass nicht ihr Pfarrer auf der Kanzel stand?

Nun, das würde sich ja legen. Uli bemühte sich, möglichst ruhig weiterzusprechen. Aber sobald er von seinem Manuskript aufblickte, sah er große

Augen, manche fast entsetzt und ängstlich, andere gespannt blickend, vor sich.

„Jetzt nur nicht unsicher werden...", dachte er und versuchte den Faden nicht zu verlieren, „vielleicht ist das bei den Kindern von der Anstalt das Normale, dass sie einen so ansehen." Bei jeder unterstreichenden Geste sah er, wie die Gemeinde gebannt der Bewegung seiner Hände folgte, und wenn er, um etwas besonders nachdrücklich zu sagen, einen kleinen Schritt nach vorn machte oder sich vorbeugte, schienen alle Zuhörer seine Bewegung mitzumachen. Als er einmal etwas kräftiger mit der Hand auf die Kanzelbrüstung schlug, hielten sich einige der Kinder ängstlich mit der Hand den halb geöffneten Mund zu.

Eigentlich war er darauf gefasst gewesen, dass ihm seine Zuhörer das Bild einer normalen Gemeinde bieten würden: Einige hören zu, andere blättern im Gesangbuch, dösen oder schlafen gar. Ältere Freunde hatten ihm ein paar Tage vorher, um ihn zu beruhigen, noch gesagt, eine schläfrig aussehende Gemeinde sei noch kein Grund zum Verzweifeln, denn die meisten Menschen würden beim Zuhören recht abwesend und nicht sehr aufmerksam und intelligent aussehen. Aber diese Gemeinde hier! Sogar bei dem Teil seiner Predigt, den er selbst etwas zu trocken fand, starrten sie ihn gebannt an und ließen kein Auge von ihm.

Je unruhiger er wurde, desto interessanter

schien es für seine Zuhörer zu werden. Und selbst, als er allmählich zum Ende kam, konnte er keinen entdecken, dessen Aufmerksamkeit auch nur im Geringsten nachgelassen hätte.

Als er „Amen" gesagt hatte und langsam und vorsichtig – in einem Talar, der bis zu den Knöcheln reicht, ist das gar nicht so einfach – die steile Kanzeltreppe hinunterstieg, ging ein hörbares Aufatmen durch die Gemeinde; und wieder am Altar angelangt, sah er sich einer dankbar lächelnden und gelösten Gemeinde gegenüber.

„Ob die Predigt wirklich so gut war?", fragte er sich. „Vielleicht habe ich ein besonderes Talent und beste Aussichten, ein Starprediger zu werden; schließlich sind so aufmerksame und dankbare Zuhörer schon etwas Besonderes", dachte er, als er während des Nachspiels erhobenen Hauptes zur Sakristei schritt.

Der Pfarrer nahm ihn lachend, aber noch immer etwas bleich, in Empfang: „Seit fünf Jahren hat auf dieser Kanzel niemand mehr gepredigt. Sie ist wegen der Gefahr, selbst bei geringster Belastung einzustürzen, gesperrt. Habe ich Ihnen nicht gesagt, Sie sollen die Predigt vom Lesepult aus halten?"

Man muss sich nur zu helfen wissen

Es gehörte zum guten Ton in Ostfriesland, bei einem Besuch erst dann wieder wegzugehen, wenn man seine drei „Köpke Tee" serviert bekommen hatte. Und was das für ein Tee war! Der konnte es mit jeder Müdigkeit aufnehmen. Aber nicht nur dies, sondern es wurde ein Zeremoniell daraus: die in Ehren ergraute Teekanne, das kupferne Stövchen, die mächtigen Kandisstücke, über die der heiße Tee sich klirrend ergoss, und die Sahne, die zart mit einem Extralöffel aufgelegt wurde. Wie ein Eisberg schaute der Zucker noch heraus: ein Siebtel über Wasser, sechs Siebtel unter Wasser, besser gesagt: unterm Tee.

Nicht immer freilich war es so einfach, direkt an ihn heranzukommen. Denn bei bestimmten Besuchen wurde die gute Tasse aus dem Sonntags-Geschirr vom offenen Buffet genommen. Na, und wenn die dann schon einige Wochen gestanden hatte… Jedenfalls, die Staubschicht war ziemlich dick, die sich oberhalb der Milch als Zweitauflage präsentierte. Aber was sollte ich machen? Ganz vorsichtig lies ich mir jeweils eine Stelle frei, um auf diese Weise an das köstliche Nass heranzukommen. Ein Strohhalm wäre natürlich besser gewesen – aber bei diesem Zeremoniell?

Humor

Es war an einem Geburtstag, ich weiß nicht mehr, wie alt der Jubilar wurde. Alles war aufs Feinste gerichtet. Ich saß zwischen den Gästen, hatte meine kleine Begrüßungs- und Gratulationsrede gehalten und nun ging's ans Kaffeetrinken. Die einschenkende Hausfrau überlegte kurz, bei wem sie zuerst beginnen sollte, und ihre Blicke wanderten zwischen dem Jubilar und mir hin und her. Schließlich entschloss sie sich doch – aus welchen Gründen auch immer –, mir zuerst einzuschenken.

Es war eine von diesen mächtigen, bauchigen Kannen, in denen Kaffee noch nach alter Weise gekocht wird. Viel Kaffee rein und kochendes Wasser drauf! Vielleicht hatte er nicht lange genug gestanden – jedenfalls als sich die Kannenschnauze über meine Tasse senkte, kam nichts heraus. Kurzentschlossen griff die Hausfrau in ihren Zopf, holte eine Nadel heraus und stocherte fünf-, sechsmal ordentlich durch die geballte Ladung von Kaffeemehl, und ein frischer Strahl duftenden Kaffees ergoss sich in meine Tasse. Er war gut heiß. So mochten die Bakterien eventuell sehr schnell irgendwelches ansteckende Leben ausgehaucht haben.

Wir waren schon zum Gehen bereit, mein Vikarsvater und ich, als der Jubilar uns noch jedem eine Zigarre brachte. „Hier", sagte er, „das ist für den Heimweg." Und dabei biss er herzhaft die Spitzen ab, um uns einen kräftigen Zug an seinem Geschenk zu gewährleisten. So ganz recht war uns das natürlich nicht. Aber wir rauchten beide gern – außerdem konnte man ja vielleicht draußen mit einem Messer noch nachhelfen. Aber nun wollte der Jubilar gern, dass wir die Zigarre bei ihm noch anzündeten.

„Also", sagte mein Chef, „wissen Sie, Herr Nordhold, das sind so gute Zigarren, die rauchen wir lieber zu Hause."

„Ja", sagte der alte Herr, „wenn Sie meinen. Aber dann sollte ich sie Ihnen noch ein wenig fest machen."

Und damit nahm er die Zigarre, zog jede von der einen und von der anderen Seite quer durch den Mund und überreichte sie uns wieder.

„Hier", sagte er, „Spucke bewahrt das Deckblatt vor dem Zerbrechen", und überreichte uns die beiden Brasil.

Na, was soll ich sagen? Wir haben sie beide, jeder in seiner Pfeife, aufgeraucht, zu Hause, versteht sich – nach Abnahme des Deckblatts.

Ein 18-DM-Missverständnis

Eigentlich war es ganz normal, was da ein Hörer aus G. sich erbat. Viele hatten das vor ihm getan und es hatte nie Komplikationen gegeben. Es ging ihm um das Manuskript einer evangelischen Morgenfeier, die er gehört hatte und deren Text er noch einmal nachlesen wollte. Seiner Bitte wurde gern entsprochen, und er bekam diesen Text, der auf der ersten Seite folgende Aufstellung enthielt:

Evangelische Morgenfeier, Süddeutscher Rundfunk, Sonntag, den…

Choral:	„Such, wer da will…"	
	EKG 249, Vers 1-3	3:00
Ansprache:		11:30
Choral:	„Ich weiß, woran ich glaube…"	
	EKG 278, Vers 1.5.6	2:05
Gebet:		1:30
Choral:	„O komm, du Geist der Wahrheit…"	
	EKG 108, Vers 1	0:45
		18:10

Diese Aufstellung mit den Zeitangaben muss der Hörer irgendwie missverstanden haben. Im Zeitalter der Preissteigerungen, da alles teurer geworden ist, meinte er offenbar, dass auch hier die Teuerungswelle um sich gegriffen habe. Denn er schrieb folgenden Brief:

Humor

„Dem Landespfarramt für Rundfunk und Fernsehen in Stuttgart übersende ich beiliegend eine Abschrift einer Kostenaufstellung für die von mir über das Landespfarramt erbetene Zusenden des Manuskripts der Ansprache, welche Herr Pfarrer G. aus K. in der evangelischen Morgenfeier des SDR am Sonntag, den… gehalten hat. Ich bitte das evangelische Landespfarramt um Stellungnahme zu der Kostenberechnung. Ich habe seinerzeit, als ich um das Manuskript gebeten habe, mich bereit erklärt, etwaige Unkosten zu ersetzen, habe jedoch hierbei lediglich an Porto und Schreibgebühren gedacht, obwohl ich bisher für derartige Sendungen noch nie eine Zahlung leisten musste, auch nicht für Porto und Schreibgebühr. Dies war für mich Voraussetzung für meine Bitte um Zusendung des Manuskripts.

Herrn G. habe ich geschrieben, dass ich seine Kostenberechnung nicht anerkenne. Sollte er darauf bestehen, dann werde ich ihm das Manuskript ungelesen zurücksenden.

Im Voraus bestens dankend grüße ich Sie…"

Natürlich hat sich alles aufgeklärt. Aber – angenommen, so etwas machte Schule? Welch eine neue Geldquelle für den Funk und für die Kirche! Und wie viel Geschrei in den Gazetten über den Zwischenhandel, der das Evangelium teuer verkauft. Aber zum Glück war es nur ein Missverständnis!

Humor

Die Sache mit dem Koffer

Ein junges Mädchen vermisste an Bord eines Kreuzfahrtschiffes seinen Koffer. Der Koffer war nicht mit eingeschifft worden. Keine Zahnbürste, keine Seife, keine Sonnenkleidung; alles schön in den Koffer gepackt und plötzlich verschwunden. Ein Sterntalerkind.

Man tröstete das Mädchen. Man veranstaltete eine Sammlung, damit sich das Sterntalerkind an Bord das Nötigste nachkaufen konnte. Das Mädchen war überrascht von so viel Hilfsbereitschaft. Und verwundert über sich selber. Es ging auch ohne den verschwundenen Koffer. Und am Ende der Kreuzfahrt war der Koffer sogar wieder da.

Er war versehentlich in die Kabine zweier Pfarrer geraten; einer evangelisch, einer katholisch.

Der Koffer stand dort die ganze Zeit herum. Der evangelische Pfarrer dachte, der Koffer gehört dem katholischen Pfarrer. Und der katholische Pfarrer dachte, der Koffer gehört dem evangelischen Pfarrer.

Sie hatten beide für den vermissten Koffer des Mädchens mitgespendet, aber ihre Kabine war eine ökumenische Kabine. Da fragt man den Bruder nicht, warum er seinen Koffer nicht aufmacht. Und was wäre da zum Vorschein gekommen. Meine Güte! In dieser ökumenischen Kabine.

Und das Mädchen, das an sich erfahren hatte, einem verlorenen Koffer nicht nachzuweinen, und was Gemeinschaft bedeutet, dieses Mädchen erhielt seine Reiseausstattung unverbraucht zurück. Gewaschen und gebügelt.

Es ist eine Kurzgeschichte, die man sich patentieren lassen müsste. So perfekt wie die Kurzgeschichten des unvergesslichen O'Henry. Es ist alles drin: Der Zustand des Jungseins und ein Hauch von Krimi. Irgendetwas ist abhanden gekommen, aber die Sache verläuft anders. Und als der Koffer überhaupt kein Problem mehr war, taucht er wieder auf.

Und wie sich das dann enträtselt, so einfach, wie man eine Schleife aufzieht. Und die beiden Pfarrer, wie zwei Väterspieler in der Commedia dell'Arte. Und es ist sogar der Herold dabei, der die kleine Geschichte mit nach Stuttgart brachte.

Humor

Wer kneippt, kneift nicht

Manches, das wissen Sie, kann man nur mit Humor nehmen. Er lässt uns über die Menschen und ihre Schwächen und Sonderbarkeiten lächeln. Es gibt so viele Situationen, in denen wir uns aneinander reiben und weiterkommen würden, wenn wir uns sozusagen als heimliche Leidensgefährten mit unseren Schwächen annehmen könnten. Man weiß doch meistens, wo den anderen ungefähr der Schuh drückt.

Und wenn man das weiß, dann haben Ärger, Verachtung und Vorwürfe eigentlich gar keinen Platz mehr. Eher, dass man sich denkt: Ja, so ist es! Aber weil es so ist, müssen wir zusammenhalten und uns ein wenig gut sein und einander wohl tun. Nun, ich will Ihnen ein wenig wohl tun, indem ich eine kleine Geschichte erzähle. Sie handelt von dem Thema „Gesundheit". Ein sehr wichtiges Thema. Aber wenn mancher nur noch davon redet, bedarf es auch des Humors, um ihn zu ertragen, nicht wahr? Für die Gesundheit freilich tun wir alle viel, – zum Beispiel machen wir irgendwo eine Kneippkur. Dazu nun ein paar Erfahrungen.

Da fällt mir ein Bekannter ein, der aus beruflichen Gründen einmal in Bad Wörishofen übernachten musste. Wie entsetzt war er, als ihm morgens gegen fünf Uhr früh eine kraftvolle Gestalt pitschnasse Tücher um den Leib schlug. Er war das Opfer einer Verwechslung geworden. Was er – zumindest an jenem Morgen – vom Kneippen hielt, ist leicht vorstellbar. Aber wer sich bewusst, sozusagen Aug' in Aug' mit den Wasseranwendungen, einer solchen Kur aussetzt, fühlt sich später oft tatsächlich frischer. Immerhin ist es ein ganz schönes Abenteuer, in das man sich begibt. Es ist ja nicht nur das „Wasser, von dem man allerlei lernen kann". Viel schwieriger ist es, ein Leben nach der Devise zu führen, die etwa lautet:

„Beim Kneippen ist *der* bester Mann, der sich mal was verkneifen kann." Und wenn man dann verkniffen wird, ist das natürlich auch nicht das Richtige. Was man darum zu solch einer Kur braucht, ist eine Portion Humor. Mit ihm gewinnt man die richtige Betrachtungsweise gegenüber allen Widerfahrnissen. Mit Humor lässt es sich ertragen, wenn in den Gesprächen die kleinen Schritte der Besserung zum großen Thema des Tages werden. Es dauert meistens nicht lang, dann weiß man: Dort drüben sitzt der Herr mit dem Gallenleiden und daneben die Dame, die zum Abnehmen hier ist – und so weiter. In der Perspektive des Personals wird dann, stark verkürzt, nur von „der Galle" oder „der Abnahme" geredet.

Wenn man sich diese Perspektive beim Mittagessen zu Eigen macht, dann ergibt das folgende Zusammenstellung:

Humor

Dort sitzt „die Galle"
bei „der Leber",
zum „Zucker" ist es auch nicht weit.
Dazwischen sitzen
zwei „Normale",
die machen sich da
ganz schön breit.
Doch gibt es Platz,
weil zwei „Abnahmen"
tagtäglich schrumpfen etwas ein
– „der Magen" noch
samt „Vegetarier"
das ist der ganze Kneippverein.

Die größten Kämpfe werden allerdings nicht beim Mittagessen ausgetragen; da steht man ja unter Beobachtung. Aber am Nachmittag, wenn man an Cafés und Eisdielen vorbeischlendert, ganz auf sich gestellt, ist es mit der herben Befehlsanweisung des Kurarztes im Herzen schwer, zu widerstehen. Gerade jene Versuchung hat einen ganz neuen Typ der „Sünderin" entwickelt – ich würde ihn so charakterisieren:

Des Morgens in die Wanne steigen,
beim Frühstück keinen Hunger zeigen,
zu Mittag im Verzicht sich üben –
das fällt nicht schwer bei gelben Rüben.
So hält sie durch, die Kneipperin,
doch ist der Mittagsschlaf vorbei,

dann geht sie heimlich aus dem Haus.
„Zum Tee", sagt sie, „der macht nichts aus!"
Im Kaffeehaus „Zum schnellen Guss"
beginnt sie mit 'nem „Negerkuss".
Dann wird geschlemmt,
die Sahne spritzt,
sie am Klavier in Deckung sitzt
und lächelt tortensatt und mild –
ein Anti-Kneipp-Kur-Ebenbild.

Aber nicht alle sind so, die meisten verkneifen sich solche „Ausflüge". Und in ihren Gesichtern steht der Verzicht geschrieben, der sie als „gestandene Kneipper" ausweist. Aber um zu dieser Reifestufe zu kommen, das ist ein langer Weg. Einige Kilometer Wassertreten sind da zu bewältigen. Doch mit dem munteren Lied „Vom Wasser haben wir's gelernt..." auf den Lippen wird's schon werden.

Abschied und Neuanfang

Abschied und Neuanfang

Mit Verlusten leben – an Verlusten reifen

Jeder weiß, das man mit Verlusten leben muss. Gibt es doch niemanden, der in seinem Leben nicht manches verloren hat, von dem er gemeint hatte, es gehöre ihm für immer. Aber irgendwann war es dann so weit, dass er hergeben musste. Und er hat gelernt, was das heißt: etwas verlieren.

Das fängt ja von ganz klein auf an und gehört zu der wachsenden Lebenserkenntnis, dass ich hergeben muss. Dort, wo Verlust ist, ist etwas weg von dem, was zu meinem Leben gehört hat. Und nun ist alles weniger geworden. Aber muss ich nicht auch sagen, dass der Verlust, nach einem alten Sprichwort, Gewinn enthält? Und dass es zu begreifen gilt: Wo verloren wird, wird auch gewonnen; und wo gewonnen wird, wird auch verloren. So mancher hat das gespürt, der zum Beispiel eine große Karriere gemacht hat. Er wird von vielen beneidet, weil jeder von ihm behauptet, er sei der große Gewinner. Aber er selbst sagt: „Sie glauben nicht, wie allein man ist in dieser hohen Position. All die früheren Beziehungen und Begegnungen sind wie abgestorben, und ich habe zwar Entscheidendes gewonnen, aber auch viel verloren."

Es versteht sich nicht von selbst, dass man an Verlusten reift. Das geschieht erst, wenn dieser

Abschied und Neuanfang

Verlust verarbeitet wird und Veränderung bewirkt. Das mag so weit gehen, den Verlust als eine Herausforderung zu verstehen, aus der jetzt Neues auf einen zukommt.

Wenn es heißt, ich habe ein Kind verloren, bedeutet das nicht immer, dass es gestorben ist. Viel eher meint dies, dass da ein junger Mensch aus dem Haus gegangen ist, unter Schmerzen und manchmal bitteren Erfahrungen auf Seiten der Eltern. Dabei braucht er diesen Ablösungsprozess, wie es ein junger Mensch formulierte: „Ich werde bei euch überhaupt nicht erwachsen. Die Art und Weise, wie ihr mit mir umgeht, schafft ein Klima, in das ich mich dauernd hineinkuschle – aber erwachsen werde ich dabei nicht!" – Verlusterfahrungen bei Müttern und Vätern. Dabei sollte es doch zu einem Reifeprozess kommen. Denn das Weggehen eines Kindes ist eine von jenen Trainingsarten, die uns einüben. Es wird nie aufhören, dass wir Verluste erleiden. Und es wird darauf ankommen, in diesem Hergeben Gewinn zu erfahren. Oder noch besser: Segen zu empfangen.

Wenn wir bei solchen Ablösungsprozessen begreifen, wie wir eingeübt werden sollen, wäre viel gewonnen. Denn jetzt ist es das Kind, ein paar Jahre oder Jahrzehnte später ist es bei einem selbst die Arbeitsstelle oder die Gesundheit oder ein Mensch, mit dem man 20, 30 oder noch mehr Jahre Leben geteilt hat. Also ein Reifeprozess von

Abschied und Neuanfang

einer Lebensphase in die andere. Ob wir dabei entdecken, wie wir im Leben immer wieder das kleine Sterben erfahren, damit wir nicht vergessen, dass auch einmal das große Sterben folgen wird? „Lehre uns, unsere Tage zu zählen, dass wir ein weises Herz gewinnen" (Psalm 90, 12). Das weise Herz, das jene Perspektive nicht erst für den Schluss des Lebens aufhebt, sondern in den vielen kleinen Stationen einübt.

Manchen trifft der Verlust eines Ehepartners so, dass er sagt: „Jetzt hat das Leben aufgehört. Alles, was jetzt kommt, ist Stillstand." Aber es kann auch anders sein, nämlich dass eingesehen wird: Dies war eine ganz wichtige und entscheidende Phase in meinem Leben. Dass sie so endet, macht mich traurig. Aber hoffentlich auch dankbar nach der Weise: Nicht klagen über das, was wir verloren haben, sondern danken für das, was wir gehabt haben.

Freilich, wer nicht zugeben kann, dass er verliert mit dem Tod dieses bestimmten Menschen, der bricht seiner Vergangenheit die Treue. Darum ist es oft erschütternd, wenn jemand beim Tod des Ehepartners behauptet: „Es ist für mich gar kein richtiger Verlust. Wir haben uns sowieso nicht gut verstanden."

Verlusterfahrungen werden auch dort gemacht, wo Krankheit uns überfällt. Denn Kranksein bedeutet die Gesundheit verlieren. In einer technisch versierten Welt wird dies oft nicht mehr wahrgenommen. Man spricht dann von irgendwelchen Austauschelementen, um wieder funktionsfähig zu werden. Dabei will jener Verlust auch zu Gewinn werden, wo wir entdecken, dass Krankheiten so etwas sind wie Schlüssel, die eine Tür zu uns selbst öffnen. Mancher hat darum aus dieser Zeit gelernt. Er hat ein Augenmaß dafür bekommen, was das Wichtigste ist, und ein Empfinden für das, was immer selbstverständlich war. Zum Beispiel geliebt zu werden.

Mancher kommt nicht drüber weg, dass er seinen jugendlichen Charme verliert. Er spürt, du kannst nicht mehr wie vor zehn Jahren. Die einen versuchen sich dann auf irgendeine Weise so zu trainieren, dass sie nach außen hin wenigstens als dieselben stabilen Leute wiedererkannt werden. Und es gibt die anderen, die jene neue Lebensphase annehmen und sich fragen: Was gibt sie mir – was bringe ich ihr? Denn es will wahr werden, dass wir von einem Aufbruch zum anderen unterwegs sind. Wer ständig vergleicht, sieht nur Verlust. Wer sich nach vorwärts orientiert, wird gewinnen. Vielleicht, dass wir auch dafür manches Mal Schlüsselsätze brauchen, die in unsere Verlust- und Gewinnüberlegungen eine neue Dimension bringen. Etwa so: „Das Leben gedenkt es manchmal böse zu machen, Gott aber gedenkt es gut zu machen" (nach 1. Mose 50, 20). Was uns bleibt, ist,

Abschied und Neuanfang

darauf zu vertrauen, dass, wer loslassen kann, auch wieder neu zupacken wird.

Wenn man im Zirkus ist und unten sitzt, zuschaut, was sich da unter der Kuppel am Trapez alles abspielt, gibt es etwas ganz Erstaunliches zu beobachten. Da steht einer, lässt ein Trapez hin- und herschwingen, bis es das richtige Tempo hat, dann greift er zu, springt los und schwingt dem anderen Trapez, das auf ihn zukommt, entgegen. Und dann gibt es den Moment, wo er loslassen muss, um das andere Trapez fassen zu können. Es ist der schwierigste Moment. Denn hier könnte es passieren, dass er abstürzt. Aber es passiert nicht; das andere Trapez schwingt genau in dem Moment auf ihn zu, wo er loslässt. Ins Leben übersetzt heißt das: Viele unter uns müssen Abschied nehmen, machen Verlusterfahrungen, und es tut weh. Sie haben Angst, loszulassen, weil sie denken: Ich werde abstürzen. Aber zum Wagnis des Lebens gehört es, loszulassen, um das Neue, das auf uns zuschwingt, fassen zu können, damit wir an das andere Ufer kommen.

> Ich will nicht leugnen,
> dass ich es für ein Kunststück halte,
> als entbehrlich anzusehen,
> was die Jahre uns so nehmen;
> dagegen aber hoch und höher zu schätzen,
> was sie uns lassen.
>
> Johann Wolfgang von Goethe

Abschied nehmen können

Es ist manchmal ganz gut, wenn man auf seinem Lebensweg ab und zu einmal Dinge erhellt und ein wenig zurückschaut. Es gibt genug Tage, die das geradezu nahe legen: Geburtstage oder Jubiläen. Das ist wie auf einer Wanderung unterwegs: Man hat eine Bergkuppe erreicht und übersieht, welchen Weg man gegangen ist.

Und weil das Leben auch ein Weg ist, darum sollte es und muss es solche Stationen der Rückschau geben.

Problematisch freilich wird es, wenn man sich nicht mehr lösen kann von dem, was da war, wenn man immer wieder dorthin zurückschauen muss und sich so der Zukunft verschließt. Und wie oft spielen uns unsere Erinnerungen Streiche!

Ja, es gibt eine Art Umgang mit der Vergangenheit, da bleiben wir plötzlich in den früheren Zeiten und Ereignissen stecken und vergessen, das weitere Leben zu planen und zu gestalten.

Wenn man erkrankt, neigt man verstärkt dazu, zurückzuschauen und zu sagen: Was warst du doch früher für ein Kerl! Was konntest du alles! Und jetzt? – Oder jene, die gerade eine Scheidung hinter sich haben: Ihr Weg ist mit einem Mal wie abgebrochen, sie sehen nur noch das, was war, und fragen nicht: Wie soll es weitergehen?

Abschied und Neuanfang

Oder ich denke an Eltern, die einen Sohn verloren haben. Fast ist es so, als könnten sie nur noch rückwärts gewandt leben, sie sehen nur noch den Sarg, das Grab vor sich. Am Tisch bleibt der Stuhl unbesetzt, niemand darf den Raum des Jungen ändern... Wie viele Szenen könnte ich noch schildern. Und ich rede nicht wie ein Blinder von der Farbe, sondern wie jemand, der das in vielen Begegnungen, Gesprächen und Anrufen erfahren hat.

Was war, hält uns oft in Bann, macht uns unbeweglich, hemmt den Schritt nach vorn. Und was wir in der Realität nicht mehr können, das tun wir in unseren Gedanken: Wir fliehen zurück. Wir möchten festhalten, wir wollen uns nicht trennen lassen von dem Gestern und Vorgestern. Es passiert dann genau das, was in einer alten Geschichte beispielhaft erzählt wird: Es geht um Lots Frau. Und wie es da im Alten Testament heißt, wird sie, die auf der Flucht aus Sodom und Gomorrha zurückschaut, zur Salzsäule. So wie jemand, der von einer Vergangenheit so fasziniert ist, dass sie keine Zukunft mehr hat. Ist das ein exemplarischer Satz für den Umgang mit unserer Vergangenheit?

Wenn wir uns nicht lösen können, wenn wir nur zurückschauen, dann erstarren wir. Es ist, als würde uns das Leben verlassen – und so ist es ja auch, wenn das Leben ein Weg ist. Man geht ihn nicht mehr, man bleibt stehen und geht zugrunde an den Blicken zurück – im Zorn, im Abschied, in der

Abschied und Neuanfang

Trauer oder an den Vergleichen – oder auch an der Nostalgie.

Gott möchte unserem Leben Jahre hinzufügen und unseren Jahren Leben. Er will uns Zukunft geben, den Kranken, den Geschiedenen, deren seelischer Schmerz durch die Trennung groß ist.

„Ich habe Angst", schreibt eine Frau, „so wie damals als Kind, wenn meine Eltern abends ausgingen und ich allein blieb. Ich habe Angst, neue Kontakte zu knüpfen und habe zu nichts mehr Lust oder Schwung."

Gott gibt uns die Freiheit, Abschied zu nehmen von der Vergangenheit. Wir können mit anderen Augen in die Zukunft schauen, aber das heißt: Gott entgegenfliegen und damit dem Leben. Einem neuen Leben, das nicht schon mehr oder weniger verbraucht zu uns kommt. Darum kann man im Neuen Testament lesen: „Ich vergesse, was dahinten ist, und strecke mich aus zu dem, was da vorne ist" (Philipper 3, 13).

Abschied und Neuanfang

Der Tod hält Ernte

Seit Jahren fällt es einem mehr und mehr auf beim Gang über den Friedhof: Es gibt erstaunlich viele Grabsteine, die von einem frühen Tod erzählen. „Als hätten wir Krieg", so sagte mir kürzlich jemand und verwies auf die Jahreszahlen: 21 Jahre alt geworden, 23 oder 18.

Als die Eltern den Sohn bekamen, gaben sie ihm alle Hoffnungen mit und setzten in sein Leben alle jene Erwartungen, die auf eine lange Lebenszeit gestimmt sind. Und dann wurde er ihnen genommen.

Nüchterne Zahlen auf dem Stein, aber sie erzählen eine Geschichte des Leids, der Schmerzen, der Ängste, des Vermissens und der Trauer.

Dabei kann die Hilflosigkeit der Eltern so groß werden, dass sie neben diese Nüchternheit etwas setzen müssen, was für sie irgendwo zum Wesen ihres Sohnes gehört hat. „Elektroniker aus Leidenschaft", haben sie eingravieren lassen in den Stein. Eine merkwürdige Inschrift. So, als wollten sie zum Ausdruck bringen: Trotz seiner jungen Jahre war er schon erfüllt mit einer ganz bestimmten Begabung und fasziniert von seinem Beruf. Sein Leben war nicht nichts, es war etwas! Und doch – welch ein Zeichen der Hilflosigkeit! Ebenso die eingemeißelte Sonne. So als wollten sie damit sagen: Er war ein so heller Mensch, etwas Strahlendes ging von ihm aus. Und nun ist dieses Licht gefangen in schwarzem Stein und in dunklem Tod.

Tatsächlich, der Tod hält reiche Ernte unter jungen Menschen. Manchmal reißt er einen mitten heraus aus dem Fest des Lebens durch einen Unfall, und manchen zwingt er zu Boden mit heimtückischer Krankheit.

Wenn man vor so einem Grabstein steht, wird man doch seltsam angerührt. Viele Fragen überkommen einen: Nach der unterschiedlichen Zeit, die einem Menschen zugemessen wird – und warum so unterschiedlich? Nach den Wirkungen, die von einem so kurzen Leben ausgegangen sind.

Und dann jene ganz behutsam zu stellende Frage: Wird er in seinem Leben mit dem vertraut geworden sein, der auch seinen Tod umfängt? Wird ihm irgendjemand von Christus erzählt haben, so, dass er zuletzt gewusst hat, in wessen Hände er fällt? Denn zuletzt wird es darauf ankommen, nicht wie lange wir gelebt haben, sondern wie tief unser Leben gelebt worden ist.

Ob die Freundinnen und Freunde eines solchen Frühverstorbenen sich so eine Botschaft haben mitgeben lassen? Ich weiß von manchem jungen Menschen, dem der Tod eines Freundes ein neues Augenmaß für das eigene Leben gegeben hat. Als wäre den Dingen jene schillernde Regenbogenhaut abgezogen worden, die sie oft so verführerisch macht und durch die schon mancher um das Wesentliche im Leben betrogen worden ist.

Trotzdem – was immer man auch für Gedanken haben mag vor den Gräbern und Steinen der jung verstorbenen Menschen – das Zerbrechen eines jungen Lebens ist nicht aufzulösen durch harmonisierende Deutungen.

Ich möchte es darum lieber mit Dietrich Bonhoeffer halten, der einmal über solche abgebrochenen Leben geschrieben hat: „Es kommt wohl nur darauf an, ob man dem Fragment unseres Lebens noch ansieht, wie das Ganze eigentlich angelegt und gedacht war und aus welchem Material es besteht. Es gibt schließlich Fragmente, die nur noch auf den Kehrichthaufen gehören, und solche, die bedeutsam sind... Wenn unser Leben auch nur ein entferntester Abglanz eines solchen Fragmentes ist..., sodass schließlich nach dem Abbruch höchstens noch der Choral „Vor deinen Thron tret' ich" hiermit intoniert werden kann, dann wollen wir uns auch über unser fragmentarisches Leben nicht beklagen, sondern sogar daran froh werden."

Abschied und Neuanfang

Tod am Mittag

Das Geheimnis des Segelfliegens hat mich nie losgelassen, bis in diese Tage hinein, wo es manchen Freund gibt, der sagt: „Wollen wir mal wieder!" Und die Schwäbische Alb ist geradezu ein Ideal dafür, hier, wo der düsenförmige Hang des Hornbergs Geschichte schrieb. Gerade auf der Schwäbischen Alb aber habe ich auch jene andere Seite kennen gelernt, die manchmal vergessen wird, wenn man so begeistert vom Fliegen redet: Die Gefahr, der sich ein Mensch aussetzt. Es war im Frühsommer 1977, ein Sonntag wie aus dem Bilderbuch, hell und heiter, die Luft angefüllt mit den Düften des Frühsommers, am Himmel türmten sich ganze Wolkenpaläste, deren quellende Schönheit die Sonne in ein strahlendes Weiß tauchte. Unter einem der Wolkentürme zog ein Segelflugzeug seine Kreise. Wir konnten uns vorstellen, meine Frau und unsere Kinder, wie dem zu Mute war, dort oben: „Einen herrlichen ‚Thermikbart' habe ich erwischt, der trägt mich nach oben, unaufhörlich. Es ist eine Lust zu leben in dieser Weite, mit der Schönheit der Welt zu Füßen und dem Glück der Unbeschwertheit im Herzen."

Ein zweites Segelflugzeug näherte sich langsam von unten. Auch jemand, der sich freuen konnte, den richtigen Aufwind bekommen zu haben. Wie

Abschied und Neuanfang

Vögel riesigen Ausmaßes, so schwebten sie übereinander. In den Kurven blitzten die Flächen, von der Sonne angestrahlt, auf, als wären sie in Gold getaucht. Wir, irdische Wanderer schweren Fußes und müde vom stundenlangen Unterwegssein, schauten ihnen zu. Jeder hing seinen eigenen Gedanken nach. Da mochten die Töchter und der Sohn meinen, irgendwann fängst du damit auch an, irgendwann. Diese Erfahrung zu machen, fliegen zu können, das lässt du dir nicht nehmen. Und der Jüngste rechnete sich aus, wie viele Jahre er noch warten müsste, ehe er an einem solchen Kurs teilnehmen könnte. Ich aber dachte: So hingst du auch einmal unter der Wolke, strahlend, glücklich, fröhlich. Allein in Nachbarschaft mit Wolken und Vögeln, und nur das zarte Zirpen des Windes in den Flächen. Inzwischen musstest du manches dazulernen, manches mit Erdenschwere Behaftetes verkraften. Aber dies, so oben sein und doch nicht hochmütig werden, das wirst du nie mehr vergessen. Und dann – eigentlich wusste keiner so recht, wie es geschah, schrie jemand: „Jetzt stoßen sie zusammen!" Da war es auch schon passiert. Offenbar hatte keiner der Piloten den anderen gesehen. Jedenfalls, die eine Maschine war beim schnellen Steigen der anderen ins Gehege gekommen und nun torkelten zwei Stücke vom Himmel: Ein kleines, der Rumpf, ein großes, die Fläche. Zerbrochen, unbeherrschbar, unlenkbar, nicht mehr auf-

Abschied und Neuanfang

zuhalten in ihrem jähen Sturz. Nicht mit der schönen Regelmäßigkeit eines Blattes, das vom Baum zu Boden gleitet, sondern wie von einer riesigen Faust vom Himmel gefegt. So trudelten die Flächen mit dem dazwischen sitzenden Piloten nach unten.

Die andere Maschine konnte gerade noch sich zu einer Notlandung auf den Boden zubewegen. Aber die kaputte, sie war zerstört.

Mit schreckgeweiteten Augen verfolgten wir den Absturz. Wir hörten das an- und abschwellende Zirpen in der Luft, als die Fläche sich immer schneller drehte. Ein starker Sommerwind trieb den Torso weit ab. Er schlug hinter einem Waldstück auf, das wir nicht einsehen konnten. Die Töchter hatten Tränen in den Augen. Glück und Unglück, so nahe beieinander. Der Mensch, der so vieles kann, und der von einem Moment zum anderen zu einem hilflosen Wesen wird. Gebeutelt und dem Tod geweiht. Es hatte uns alle etwas berührt, was so gar nicht zu diesem frühsommerlichen Mittag gehörte. Es war wie das Vorüberstreifen einer ganz anderen Schwinge und es wehte uns kalt an. Die Pracht der Blüten, die duftigen Lüfte, alle jene irdische Schönheit, die einen so zu entzücken vermag, es war, als wäre ein Reif über sie gefallen. Wir sahen dann Autos zur Unfallstelle rasen, hörten einen Hubschrauber, sahen ihn dort landen. Es wurde viel getan für jemanden, für den wahrscheinlich nicht mehr viel zu tun war. Wir aber, einige Kilometer weg, wir konnten nicht anders als beten für einen Menschen, der vom Himmel gewischt, dessen Leben ausgelöscht war. Wir kannten nicht seinen Namen, nicht seine Geschichte, aber er war uns näher als viele andere. Näher in dieser Stunde einer äußersten Grenzerfahrung.

Dunkle Nächte

Mancher fürchtet sich vor dem Beginn der Nacht. Das Gefühl herrscht vor, als würde etwas abgeschaltet werden – all das, was die Lebensuhr des Alltags ausmacht. Auch wenn der Alltag als Belastung empfunden wird, so ist doch da die Zeit eingeteilt und ausgefüllt. Und wenn die Nacht beginnt, ist dieser Schutz plötzlich nicht mehr da. Alles dringt ins Bewusstsein, was tagsüber weggeschoben wurde: Beziehungsprobleme, Ängste vor einer Krankheit, Uneinigkeit mit sich selbst. Und dann? Der Griff zu den Tabletten, die einen über die Schwelle der Schlaflosigkeit heben?

Beatrice Schweitzer hat ihre Gefühle gegenüber der Nacht, die da kommt, genannt und beschrieben:

„In der Dämmerung, dem Sterben des Tages, wenn ich mit untergehen muss in übersanfter Verzweiflung und schwarzer Traurigkeit.

Nacht! Manchmal hörst du schlecht. Du bescherst mir, dicht gedrängt, die schlimmsten Dinge aus meinem Leben, sodass ich kaum atmen kann vor lauter Bedrücktheit. Gewiss, manchmal holst du auch Gutes und Schönes aus meinem Unterbewusstsein herauf und lässt es mich auskosten. Dann brauche ich keinen Schlaf.

Abschied und Neuanfang

Anders benimmst du dich, Nacht, wenn ich neben einem geliebten Menschen auf dich warte – erfüllt von Frieden, Liebe, Zuneigung und Verständnis. Findet dies aber nicht statt, so erscheinst du wieder in abgrundtiefer Scheußlichkeit. Dann werde ich einsam, fühle mich verlassen und verloren – sinnlos wird dann alles.

Gehetzt werde ich von bösen Gedanken: zum Beispiel, ich würde den geliebtesten Menschen zur Last fallen. Das geht so weit, bis es zur bedrängenden Vorstellung wird: Du musst Schluss machen!

Manchmal kann ich gerade noch denken: Sei ruhig, du, der du übrig bleibst, hab keine Schmerzen – ich mein' jetzt nicht etwa meinetwegen, sondern um deiner selbst willen auf dass du lebest.

Und nun, Nacht, bist zu Ende. Der Tag dämmert heran, die Vögel pfeifen den Zapfenstreich zu neuer Mühe und Qual. Aber auch diesmal werde ich dieses überstehen. Ich werde versuchen, an Schönes und Gutes zu glauben und mich nicht vernichten. Hab Dank, liebe Nacht."

In der Nacht steigen Fragen auf, für die der Tag keinen Spielraum gegeben hat. Man fängt an, darüber nachzudenken, und sucht nach Antwort und Klärung. Das kann so weit gehen, dass einer aufsteht und zu Papier bringt, was ihn quält. Vielleicht sogar so, dass er sich selbst einen Brief schreibt. Denn manchmal bin ich selbst der

Abschied und Neuanfang

Mensch, mit dem ich am wenigsten zurechtkomme. Warum soll ich mir dann nicht in einem Brief schreiben, wie es um mich steht.

Wäre dann mitten in der Nacht nicht so etwas wie der Anfang des Tages geschehen? Nicht des Alltags – mit den festgeschriebenen Terminen –, sondern jenes Tages, da wir an die Hand genommen und begleitet werden. Denn es wird ja nicht zuerst darauf ankommen, dass da einer ist, der die Nacht vertreibt und sozusagen mit strahlendem Licht das Dunkel aufhebt, sondern einer, der mit mir geht durch die dunkle Nacht.

Darum kann man bitten:

Nimm meine Hand und öffne sie,
dass ich sie hinhalte in dunkler Nacht,
nimm mein Auge und mach es wach,
dass es dich sieht
hinter den Flammenschriften meiner Seele.
Nimm meine Ohren und öffne sie,
damit sie die Stimmen des Lebens heraushören
aus den Melodien des Todes.
Nimm meine Füße und stärke sie
zu gewissem Gang,
damit alle Zerbrechlichkeit und Unruhe
meines Weges
verwandelt wird in die Gewissheit des Zieles.

Abschied und Neuanfang

Ich lese, großer Schöpfer! dich
Des Nachts in Büchern, aufgeschlagen
Von deiner Hand. O lehre mich
Nach deinem Lichte fragen!

Sei meiner Seele Klarheit, du
Regierer der entstandenen Sterne!
Und blicke meinem Herzen zu,
dass es dich kennen lerne.

Anna Luisa Karschin

Leben unter neuer Wirklichkeit

Wir leben in einer Zeit vieler Veränderungen. Manches davon geht uns zu schnell, wir kommen nicht nach. Und anderes scheint geradezu bedrohlich auf uns zuzuwachsen. Man fragt sich: Wie muss eigentlich der Mensch heute beschaffen sein, um damit fertig zu werden? Muss es nicht ein ganz anderer Typ sein, als wir es sind? Einer, der die wachsende Fülle des Wissens und Könnens bewältigen kann? Also ein ganz sachlicher, geradezu eiskalter Typ, ein maschinenmäßig reagierender Mensch in der Welt der Maschinen? Muss es nicht überhaupt ein neuer Mensch sein? Was ihn auszeichnen soll, darüber schreibt Robert Jungk: Objektivität, Neugier, geistige Beweglichkeit, Teamgeist, Übersicht.

Den vielen Planungen und Hoffnungen vom neuen Menschen sollten wir nicht einfach skeptisch und misstrauisch gegenüberstehen. Aber wir sollten uns fragen: Aus welcher Richtung erwarten wir eigentlich den neuen Menschen? Davon zu reden und darüber nachzudenken sind wir unserer Zeit schuldig.

In einem Gespräch hat Jesus einmal sehr klar und zur großen Überraschung des Gesprächspartners über den neuen Menschen gesagt: „Es sei denn, dass jemand geboren wird aus Wasser und Geist, so kann er nicht in das Reich Gottes kommen" (Johannes 3, 5). Das ist mehr als innere Umkehr oder sittliche Erneuerung. Da geht es um einen neuen Anfang, der nicht erstritten oder erworben werden kann. „Wiedergeboren aus Wasser und Geist", sagt Jesus. Eine seltsame Zusammenstellung: Wasser und Geist. Das eine ist das Bestimmtsein von oben – Geist, berührt von der Nähe Gottes. Aber das andere, das Bild für das Wasser? Beschreibt es nicht eine chemische Verbindung beispielhafter Art, ein Symbol für das Materielle? Denn jeder unter uns besteht zu ungefähr 80 Prozent aus Wasser. So trifft der neue Anfang eben nicht nur unsere geistige oder geistliche Seite, sondern unseren ganzen Menschen nach Seele und Leib. „Leiblichkeit ist das Ziel aller Wege Gottes", heißt es einmal. Der Anfang mit Christus ist gemacht.

Wie sieht dann so ein Leben unter dieser neuen Wirklichkeit aus? So, dass dort, wo dieser Geist des Herrn einen Menschen ergreift, Freiheit ist. Zum Beispiel: Freiheit von der Sorge, dass wir das Leben nicht bewältigen können; Freiheit von der Schuld, die uns ins Stolpern bringen will. Ja noch mehr! Wem dieser neue Anfang in die Glieder gefahren ist, der stellt überrascht fest: Im Glauben überschreiten wir unsere Grenzen. Und wir sind erstaunt, welche Anfänge von diesem einen Anfang aus möglich sind. Zum Beispiel in einer Sache sehr lange, aber ohne Ungeduld auf eine Wende

Abschied und Neuanfang

zum Guten warten können; Härten aushalten, ohne zu klagen; Liebgewordenes hingeben, ohne zu bedauern; von Vertrautem Abschied nehmen ohne Wehmut; Niederlagen hinnehmen können, ohne mutlos zu werden; in der Furcht vor einer sich selbst zerstörenden Gesellschaft eben doch so etwas wie eine durchgehende Strähne von Bewahrung, Errettung und Erhaltung entdecken.

Und das alles, weil das Neue in unserem Glauben eben nicht in unserer Charakterstärke oder aus unserer Leistungsfähigkeit besteht, sondern in der Treue Jesu Christi – also nicht darin, was wir alles machen. So liegt der neue Mensch nicht im Griffbereich unserer Hände, aber er ist Gottes Möglichkeit mit uns. In Jesus hat sie ihren Anfang und ist sie das Versprechen, dass es mit uns auch so werden wird wie mit ihm.

In der Bibel steht ein eigentümlicher Satz. Es ist fast kaum zu glauben, was da im Zusammenhang unseres Themas gesagt wird: „Ich will euch ein neues Herz und einen neuen Geist in euch geben, spricht der Herr" (Hesekiel 11, 19). Ist das nur eine Art Illusion? Ist da mit jemandem die Sehnsucht nach Anderssein durchgegangen? Nein. So kann Leben von Gott her verwandelt werden. Wir müssen nicht immer die sein, als die wir uns kennen: mit einem Herzen, das hart geworden ist durch das Leben, mit einem Geist, der genau darauf achtet, was uns zusteht, mit einem Wissen, das

Abschied und Neuanfang

oft wenig erfreulich ist und mit einer Gesinnung, die nicht viel erwarten lässt.

Aber nun: Ich will euch ein neues Herz und einen neuen Geist geben! Wir sind veränderbar. Gott, der uns unsere Originalität gegeben hat, will uns nicht durch eine Schablone zerstören lassen.

Ein neues Herz! Zählen wir doch einmal auf: Neue Entscheidungen wären möglich für andere Menschen, für uns selbst. Ein neues Empfinden für Leben um uns herum. Und dann die Hoffnung, mit der das neue Herz und der neue Geist auch dort noch Zutrauen haben, wo man – in den alten Verhältnissen – längst aufgegeben hätte, noch etwas zu erwarten.

Jedenfalls hat die unsichtbare Gewalt, Heiliger Geist genannt, die sich nicht darstellen lässt, die Kirche Christi geboren. Diese Gewalt hat zwölf unstudierte Männer in die Welt geschickt mit nichts anderem als den paar Geschichten von Jesus. Aber sie hat Meinungen erschüttert und Religionen gestürzt, Spötter zum Schweigen gebracht und Tausende mutig sterben lassen. Aus erkennenden wurden bekennende Menschen, aus wissenden wurden handelnde Leute und aus ungläubigen Zuschauern Menschen, die – erlauben Sie den Ausdruck – begeistert mitmachten. Wer also wissen will, wie es sich mit dem Heiligen Geist verhält, wird darum nicht zuerst fragen: Wer ist er? – sondern: Was wirkt er? Denn das passiert seitdem, dass Gott mit Menschen durch Menschen handelt. Wie? Nun, vielleicht hilft das Beispiel vom Magneten. In so einem Ding stecken ja wunderbare Kräfte. Wir kennen das. Man kann mit einem Magneten eiserne Gegenstände, etwa Nägel, heben. Dabei wird ein Nagel, der am Magneten hängt, in diesem Augenblick selber magnetisch, sodass er in der Lage ist, kleinere Nägel anzuheben. Freilich, seine Kraft hält nur so lange vor, wie er mit dem eigentlichen Magneten verbunden ist. Reißt man ihn los, fallen auch die kleinen Nägel wieder ab. Ein Gleichnis, nicht mehr. Aber wenn man das übersetzt, dann sagt es etwa, dass der Heilige Geist Menschen ergreift und durch sie hindurchgeht, sodass einer dem anderen von Gott sagen kann. Nicht so, dass es unverbindlich bleibt, als geschehe dies nur zwischen diesen beiden, sondern so, dass Gott sich der Rede des einen annimmt, als wäre es von ihm selbst gesprochen. Denn der heilige Geist weht nicht irgendwo unsichtbar im Raum. Er wirkt in den Worten und in den Taten, im Lebenszeugnis von Menschen. Die Pfingstgeschichte erzählt das so, dass sich die vielen Besucher aus aller Welt, die sich anlässlich eines großen jüdischen Festes in Jerusalem eingefunden hatten, in ihrer Sprache angeredet wussten. Sie sagt damit, dass der Heilige Geist die Verwirrung der Sprachen überwindet. Die Beziehung von einem zum anderen ist nicht länger mehr bestimmt von der Verschiedenartigkeit der Rasse, der Ideologie, des sozialen Standes, sondern von dieser Kraft, die alle Mauern durchlässig macht, sodass Menschen sich anders als bisher begegnen können. Auf diese Weise ist Pfingsten zur Ausgangsposition einer großen Bewegung geworden. Denn der Heilige Geist bringt in Bewegung. Da wird nicht eingeschläfert, sondern wach gemacht. Da wird keine Stimmung gepflegt, sondern aufmerksames Leben ermöglicht. Da geht es um das Christwerden der Christen.

Wir werden geführt

Eigentlich ist es etwas Selbstverständliches, und doch ist es nicht leicht, es zu lernen. Ich meine das Älterwerden. Wenn aller Anfang schwer ist, so dieser ganz besonders. Es gibt genug Leute, die jetzt nur von dem reden, was sie verlieren, die meinen, ihnen werde ständig nur noch etwas genommen. Die Gesundheit wird weniger, die Lebenskraft schmilzt, Beziehungen trocknen ein. Die Frau hat mit sich zu tun auf eine Weise, dass man oft das Gefühl hat: Sie findet den Weg über die Schwelle in das Älterwerden genauso wenig wie du selbst auch. Muss man sich jetzt ständig nur noch mit sich selbst beschäftigen? Sich prüfen: Wie viel Beziehungen bestehen noch, wie viel Kraft, wie viel Hoffnungen, wie viel Lebensmut, und sich dann als Ergebnis von der Resignation überziehen lassen wie mit einem Grauschleier, der sich vor die farbigen Bilder des Lebens hängt? Und immer mehr solcher Schleier kommen hinzu, und man sieht die Welt, die Menschen um sich herum nur noch in Umrissen.

Was uns fehlt, ist das Zutrauen, diesen Vorhang beiseite zu schieben und zu entdecken: Das Leben ist nicht einfach hinzunehmen, sondern zu erleben, auszukosten. Nein, es muss nicht so sein, wie einer

Abschied und Neuanfang

behauptet: „Nun bin ich in den Ruhestand getreten und bin wie ins Leere gefallen."

Wir lassen uns ja oft viel zu sehr von unseren Mängeln und Fehlern gefangen nehmen. Wir meinen, weil wir mit einer Lüge begonnen haben, müssten wir auch so fortfahren. Umkehren können, das ist: Ich bin so frei, neu anzufangen, in eine neue Richtung aufzubrechen, trotziges Schweigen in suchendes Gespräch übergehen zu lassen, mürrische Stimmung abzulösen durch Freundlichkeit. Das Angebot des Lebens, das Gott uns macht, will uns jedenfalls herauslösen aus den unauflöslichen Notwendigkeiten und uns die Welt unbegrenzter Möglichkeiten erfahren lassen. „Das Alte ist vergangen, es ist alles neu geworden" (2. Korinther 5, 17). Das ist angebotenes Evangelium. Und es will sagen: Es muss nicht immer so sein, wie es an allen Tagen war. Es gibt eine neue Richtung. Freilich, man muss nicht nur mit ihr liebäugeln, sondern auch Schritte tun, seine Worte anders setzen, seinen Blick, sodass etwas ausstrahlt. Bei Martin Buber heißt es: „Was wir lediglich an unserer Seele zu wirken meinen, wirken wir in Wahrheit am Schicksal der Welt."

Da kann es sogar zu so etwas wie einer gewissen Neugier kommen, aus der gespannt darauf gewartet wird: Welche Gaben und welche Aufgaben kommen wohl jetzt auf mich zu? Manchmal liegen sie ganz dicht nebenan. So wie eine Frau das ver-

Abschied und Neuanfang

standen hat, die mir sagte: „Mein Mann ist krank, schwer krank, aber wir zwei sprechen ausführlich darüber, was diese Zeit für uns bedeuten kann." Zwei, die verstanden haben, dass nicht nur genommen, sondern dass auch gegeben wird.

Es geht eben nicht nur um eine Geschichte des sich ständig Zurückziehens, sondern um eine Neuorientierung, die früh genug beginnen sollte. Ich denke da an eine Stelle in der Bibel, wo Jesus einem Menschen sozusagen im besten Alter, auf dem Höhepunkt seiner Leistungsfähigkeit – es ist Petrus –, sagt: „Als du jünger warst, hast du dir selbst den Gürtel umgelegt und bist gegangen, wohin du wolltest. Doch wenn du älter geworden bist, wirst du deine Hände ausstrecken, und ein anderer wird dich gürten und dich führen, wohin du nicht willst" (Johannes 21, 18).

Ist das zu direkt? Möchte man das nicht hören, wenn man ganz vorne ist mit Worten und mit Taten? Jesus hält es für notwendig, den Mann, der vor Leistung, Selbstständigkeit, Erfolg und eigenwilliger Entscheidung strotzt, vorzubereiten. Er wird gleichsam eingewiesen in eine Zeit, die kommen wird, „da du deine Hände ausstreckst und ein anderer dich führen wird, wohin du nicht willst".

Und wohin wollen wir nicht? Vieles müsste jetzt aufgezählt werden, eben auch der Weg in das Älterwerden. Aber nun die Gewissheit: Wir werden geführt. Das kann zum Beispiel so aussehen,

Abschied und Neuanfang

dass wir von ganz bestimmten Ereignissen an dieser Lebenswende aufgerüttelt und zu neuen Aufbrüchen gedrängt werden. Damit wir nicht zu überrascht sind, wenn es so weit ist, sollten wir früh genug damit anfangen, unser Morgen und unser Übermorgen zu bedenken.

Nun mag mancher fragen: Wie, wo finde ich denn Aufgaben? Ich möchte einiges aufzählen. Wer Enkel hat, der ist hier gut dran. Denn deren Eltern haben oft nicht genügend Zeit für ihre Kinder. Dabei brauchen die jemanden, der ihnen zuhört. Und es ist schön, junge Menschen zu erziehen, aus einer Distanz, die mehr Liebe als Strenge erlaubt. Jedenfalls Umgang mit Enkeln, das ist Anteilhabe am Leben.

Das kann für einen anderen freilich auch so aussehen, dass er sich einen kleinen Garten zulegt und nun auf diese Weise am Wachstum, Gedeihen, am Säen und Ernten – lauter Bilder für das Leben – teilhat. Hierher könnte auch gehören – was mancher heute tut –, seine eigene Lebensgeschichte aufzuschreiben mit den Motiven, den Zielen, den Enttäuschungen, besonders aber mit den tief gehenden Eindrücken, die lebensbestimmend, ja lebenswendend gewesen sind.

Mancher hat auch den Mut, etwas ganz Neues anzufangen, etwas, von dem er gar nicht gewusst hat, dass es in ihm angelegt ist. Vielleicht war es in früheren Jahren immer wieder überlagert worden

Abschied und Neuanfang

von den Anforderungen des Alltags. Aber jetzt könnte man das aus den Tiefen wieder hervorholen. Zum Beispiel so eine Begabung wie das Malen.

Dazu fällt mir eine kleine Erzählung ein aus dem Bereich chinesischer Weisheit. Da war ein alter Maler, der seinen Freunden sein letztes Bild zeigte. Ein Park war darauf zu sehen, ein schmaler Weg, der sanft hindurchführte an Bäumen und Wasser vorüber bis zu der kleinen roten Tür eines Palasts. Aber wie sich die Freunde zu dem Maler umwenden wollten, da war dieser nicht mehr neben ihnen, sondern im Bilde. Er wandelte auf dem schmalen Weg zu der fabelhaften Tür, stand vor ihr still, kehrte sich um, lächelte, öffnete und verschwand (Ernst Bloch). Er ist in seinem Werk verschwunden. Der Sinn seines Lebens war, was er geschaffen hatte.

Darin könnte eine gute Antwort liegen, wenn wir nicht vergessen, unter wem wir unsere Werke tun und wie die Frage nach dem Sinn eben sich nicht gleichsam in unserem Wirken beantwortet, sondern in unserem Sein, in dem, was wir sind: Gottes unendlich geliebte Geschöpfe, die zum Licht und zum Tag gehören und nicht mehr in der Nacht leben. Wer zum Licht gehört und zum Tag, der wird immer etwas Helles, etwas Strahlendes um sich haben. Es ist nicht sein eigenes Licht, was da leuchtet, sondern er weiß, von woher er sich

Abschied und Neuanfang

versteht. Das kann so weit gehen, dass man zu einem ganz neuen Selbstverständnis kommt, auch wenn man älter ist. Dieses Selbstverständnis umschreibt Albert Schweitzer einmal mit der Frage: Was ist Jugend?

„Jugend ist nicht ein Lebensabschnitt – sie ist ein Geisteszustand; sie ist Schwung des Willens, Regsamkeit der Fantasie, Stärke der Gefühle, Sieg des Mutes über die Feigheit, Triumph der Abenteuerlust über die Trägheit. Niemand wird alt, weil er eine Anzahl Jahre hinter sich gebracht hat; man wird nur alt, wenn man seinen Idealen Lebewohl gesagt hat. Mit den Jahren runzelt die Haut, mit dem Verzicht auf Begeisterung aber runzelt die Seele. Sorgen, Zweifel, Mangel an Selbstvertrauen, Angst und Hoffnungslosigkeit, das sind die langen Jahre, die das Haupt zur Erde ziehen und den aufrechten Geist in den Staub beugen. Ob 70 oder 17, im Herzen eines jeden Menschen wohnt die Sehnsucht nach dem Wunderbaren, das erhebende Staunen beim Anblick der ewigen Sterne und der ewigen Gedanken und Dinge, das furchtlose Wagnis, die unersättliche kindliche Spannung, was der nächste Tag bringen werde, die ausgelassene Freude und Lebenslust. Du bist so jung wie deine Zweifel. So jung wie dein Selbstvertrauen, so alt wie deine Furcht. So jung wie deine Hoffnungen, so alt wie deine Verzagtheit. Solange die Botschaften der Schönheit, Freude, Kühnheit, Größe,

Macht, von der Erde, den Menschen und dem Unendlichen dein Herz erreichen, so lange bist du jung. Erst wenn die Flügel nach unten hängen und das Innere deines Herzens vom Schnee des Pessimismus und vom Eis des Zynismus bedeckt ist, dann erst bist du wahrhaft alt geworden."

Die Sehnsucht nach dem Wunderbaren sollte uns darum begleiten, wenn wir in eine neue Lebensphase einwandern. Wir begreifen dann, dass Abschied und Neubeginn Übergänge sind. Da mag es manchmal krisenhaft zugehen, aber das Ziel liegt doch in der Zukunft.

Was immer Sie da für Erfahrungen machen mögen: Vergessen Sie nicht, dass auch Sie zum Licht und zum Tag gehören und nicht mehr in der Nacht zu leben brauchen, weil Gott Ihr Licht und Ihr Heil sein will.

Abschied und Neuanfang

Gottes und unsere Hände

Schauen Sie sich doch Ihre Hände einmal an, jetzt genau. Vielleicht waren sie gerade tätig im immer gleichen Ablauf mechanischer Handgriffe. Vielleicht aber auch, um ein Kind zu streicheln oder um einen Menschen sorgsam durch ein Zimmer zu führen. Und wenn wir nachdenken, dann kann es geschehen, dass unsere Hände anfangen zu sprechen. Denn sie haben doch ihre Erfahrung, ihre Geschichte, haben ihr eigenes Blühen und ihr eigenes Verwelken. Wie viele Zeichen sind darin eingegraben: die von Liebe und Treue, aber auch die von Gram und Schmerz! Vieles ist in der Gestalt und Bewegung unserer Hände zu lesen. Es kommt dabei heraus, dass unser Leben nichts anderes ist als die Summe unserer Taten. Denn das wirkliche Leben ist die unablässige Tat unserer Hände. Waren sie nur Instrument oder haben andere darin mehr entdeckt? Freude, Erwartung, Überraschung? Denn wer wir sind, wirklich sind, kommt uns doch oft genug von außen entgegen.

Unzählige Dinge kommen uns vom Morgen bis zum Abend vor die Hand. Wichtige und unwichtige. Und mit den Dingen kommen auch Aufgaben, Chancen oder Gefahren. Was wären wir ohne das Zutrauen: „Von allen Seiten umgibst du mich, Gott, und hältst deine Hand über mir. Nähme ich

Abschied und Neuanfang

Flügel der Morgenröte und flöge ans äußerste Meer, so würde mich doch daselbst deine Hand führen und deine Rechte mich halten" (Psalm 139, 9.10).

Es ist erstaunlich, wie oft die Bibel, wenn sie von Gott spricht, von seiner Hand redet. Gottes Hand ist nicht nur die Übermacht, mit der er seinen Entschluss ausführt, sondern Ausdruck seines Erbarmens. Er ermutigte Menschen, einander weiterzusagen: „Siehe, des Herrn Hand ist nicht zu kurz, dass er nicht helfen kann" (Jesaja 59, 1).

Das gilt auch für die, denen das Dunkel im Leben mitgespielt hat, die vom Leid überfallen sind und die ohnmächtig zuschauen müssen, wie ihnen alles aus der Hand gleitet. Von ihnen schreibt Dietrich Bonhoeffer: „Wunderbare Verwandlung. Die starken tätigen Hände sind dir gebunden. Ohnmächtig, einsam siehst du das Ende deiner Tat. Doch atmest du auf und legst das Rechte still und getrost in stärkere Hand und gibst dich zufrieden. Nur einen Augenblick berührtest du selig die Freiheit, dann übergabst du sie Gott, damit er sie herrlich vollende."

Es wird nicht immer leicht sein, still und getrost das Seine in stärkere Hände zu geben und sich zufriedenzugeben. Oft haben wir die Hand Gottes auch anders gespürt, so, als ob sie sich zurückzieht. Wir fühlen sie nicht mehr, greifen ins Leere, meinen, wir seien allein gelassen in dieser Welt. Wir suchen vergeblich nach der großen Hand und denken, sie hätte sich gegen uns zur Faust geballt. „Deine Hand liegt Tag und Nacht schwer auf mir" (Psalm 32, 4). Diese Erfahrung gibt es auch, und wie rätselhaft ist sie dann – die gewaltige Hand Gottes! Die Antwort ist Christus. Denn was ist Christus anderes als die ausgestreckte Hand des Vaters im Rätsel und Dunkel unseres Lebens? Diese Hand, die auf Kranken liegt, um zu heilen und zu helfen, die die Kinder segnet und die die Letzten der Gesellschaft aus dem Staub emporhebt. Diese Hand, die nicht erlahmt wie unsere Hände. Diese Hand, die wie ein Angebot ist: Greif zu! Fass an! Halt fest! Besser kann man es nicht bezeichnen, was Glauben heißt. Unsere menschlichen Hände aufheben, damit sie von der anderen Seite her gefasst und gehalten werden.

Aber dazu gehört es, manchmal ohne Rückversicherung, im Vertrauen auf Gott, zu entscheiden und zu handeln. Freilich, man muss sich dabei verlassen auf das Wort von ein paar Zeugen, die erfahren haben, dass man sich im Glauben von Gott auffangen lassen kann. Dass es im Dunkel und der Tiefe des Lebens einen gibt, der uns hält. Gott lässt unser Leben nicht ins Bodenlose stürzen. Darum sagt die Schrift: „Unter dir sind ewige Arme gebreitet" (5. Mose 33, 27).

Das gilt bis zuletzt, sodass der Dichter Rilke schreiben kann:

Abschied und Neuanfang

Wir alle fallen. Diese Hand da fällt.
Und sieh dir andre an: Es ist in allen.
Und doch ist einer, welcher dieses Fallen
Unendlich sanft in seinen Händen hält.

Das ist das Letzte, vielleicht das Schönste, das von uns zu sagen ist, wenn unser Leben diese Reife, diese Zuversicht erfährt. Aber bis dahin gibt es noch so viel Vorletztes, so viel, wo unsere Hände um sich tasten und jeden Tag auf etwas Unerwartetes, Fremdes treffen und oft genug das Unerwartete und Befremdliche tun. Denn wenn es auch stimmt, dass unsere Hände geschickt und tüchtig sind, so tragen sie doch auch die dunklen Schatten unserer Schuld. Gilt denn nur von einem Einzigen: „Siehe, die Hand dessen, der mich verrät, ist mit mir auf dem Tisch" (Lukas 22, 21)? Braucht es sehr viel Fantasie, um nicht auch dies aus den Linien unserer Hand herauszulesen? Diese Hände, die mehr zum Greifen und Kneifen waren als zum Halten und Lindern?

Natürlich, sie erzählen auch andere Geschichten. Und wenn ich mir jetzt vorstelle, dass irgendwo in einem Haus die Hand eines Erwachsenen mit einer Kinderhand, die durch die Gitterstäbe des Bettchens herausragt, spielt, dann ist das Grund zum Nachdenken: Da die kleine Hand, die nach allem greift, spielerisch, vertrauensvoll, die sich ihre kleine Welt ertastet und in vielen Augen-

Abschied und Neuanfang

blicken erfährt, was sie später nie mehr erfahren wird: das kleine Glück einer heilen Welt. Und dort die andere Hand, mit Schrunden und Runzeln, in die alles eingegraben ist, was 20, 30, 50 und manchmal 70 Jahre aus dem Menschen machen. Eine Hand, die oft zufassen wollte, noch öfter festhielt und doch zuletzt lernen muss loszulassen.

Manchmal scheint es freilich so, als stünden unsere Hände in ganz anderem Dienst. Denn sie können auch zerstören. Dann, wenn sie sich zu drohender Gebärde emporrecken, wenn sie die ausgereckte Hand der Versöhnung zurückweisen. Oft genug sind unsere Hände doch Fortsetzungen jener Ellenbogen, mit denen wir uns durchsetzen. Und dann schaut man auf sie herunter, erschrocken und entsetzt: Wer seid ihr eigentlich, wenn ihr so seid? Warum seid ihr so?

Ja, Gott hat sie zu etwas Besserem geschaffen. Es steckt so viel gesunde Kraft in ihrem Zugriff. Und manch einer braucht eine Hand, die helfend zufasst, zupackt und festhält, die ihn die Wärme eines Händedrucks spüren lässt, die aufrichtet oder trägt, die eine Tür öffnet oder einen Weg führt. Macht es denn ärmer zu geben? Vergibt man sich etwas, wenn man die Hand zum Aussöhnen reicht? Es wäre gut, solche Hände zu haben.

Vielleicht fehlt unseren Händen etwas Entscheidendes, von dem viele vor uns gewusst haben, dass es unbedingt zu ihnen gehört. Sie sagten es auf ihre Weise: Bete und arbeite! Das fehlt unseren Händen, die so tätig sein können und so vieles anfassen und in so vielen Dingen ihre Finger drin haben, dass sie sich zusammenlegen, ohne darin noch etwas festzuhalten, etwa ein Stück Sicherheit, etwas, von dem wir meinen, dass es unsre Leere ausfüllt.

Betende Hände offenbaren etwas ganz anderes. Vielleicht das, was Werner Bergengruen mit den Zeilen meint:

> Liebt doch Gott die leeren Hände,
> und der Mangel wird Gewinn,
> immerdar enthüllt das Ende
> sich als strahlender Beginn.

Eben weil da jenes Gesetz der Welt durchbrochen ist, nach dem gilt: Wer einen Finger gibt, dem wird gleich die ganze Hand genommen. Hier wird nichts genommen, sondern gegeben. Hier symbolisieren Hände das Wesen des Menschen, der zuletzt und umfassend angewiesen ist auf Gott. Gerade aus dieser Erfahrung heraus haben Menschen von Gott sehr menschlich geredet. „Herr, ziehe die Hand nicht ab von mir" (Psalm 27, 9). Oder: „Meine Zeit steht in deinen Händen" (Psalm 31, 16).

Ist das zu menschlich von ihm gesprochen? Wir werden, solange wir Menschen sind, über dieses Gleichnis, dass Gott Hände hat, nicht hinauskommen. Gerade dann, wenn wir gar nicht mehr so ganz genau sagen können, wer Gott ist. Aber es kommt darauf an, dass wir Augenblicke finden, in denen wir uns mit allem, was uns erfüllt oder beschwert, in die Hände Gottes bergen.

Johannes Kuhn, geboren in Plauen/Vogtland.
Missionsseminar der Rheinischen Missionsgesellschaft
in Barmen.
Studium der Theologie in Barmen, Göttingen und Basel.
Vikar in Emden, Bremen und Osnabrück.
Gemeinde- und Jugendpfarrer in Bremerhaven.
Landespfarrer für Rundfunk in Stuttgart.
Gestaltung der ZDF-Sendereihe „Pfarrer Kuhn antwortet".
Seit 1989 im Ruhestand.

Lesebücher
aus dem Verlag Ernst Kaufmann

Martin Achtnich
Zeit ist der Mantel nur
368 S. kart.
ISBN 3-7806-2525-3

Christine Razum
**Nach Golgatha –
um der Hoffnung
willen**
Passions- und Ostertexte
136 S. geb. mit Schutzumschl.
ISBN 3-7806-2438-9

Hanna Schaar
**Jeder neue Tag
ist ein Geschenk**
496 S. geb.
ISBN 3-7806-2167-3

Elisabeth Achtnich
**Frauen,
die sich trauen**
260 S. mit über 100 Fotos
ISBN 3-7806-2268-8